Der Waldpark Wartburg

Entwicklung – Bestand – Perspektiven
einer forstästhetisch geprägten Denkmallandschaft

Daniel Rimbach

Der Waldpark Wartburg

Entwicklung – Bestand – Perspektiven
einer forstästhetisch geprägten Denkmallandschaft

Arbeitsheft des Thüringischen Landesamtes für Denkmalpflege und Archäologie
– Bau- und Kunstdenkmalpflege –

Neue Folge 46

„In unserem Forsthaushalte [ist]
das Nützliche mit dem Schönen zu verbinden
und in unseren wirthschaftlichen Operationen [ist]
das Ergebnis todter Zahlenberechnung nicht allein entscheiden zu lassen."

Dr. habil. Carl Friedrich August Grebe, 1858
Direktor der großherzoglichen Forstlehranstalt Eisenach von 1850 bis 1890

Inhaltsverzeichnis

Vorwort
Holger Reinhardt

Ausgangslage 9
    Zum Wartburg-Mythos 9
    Zum Begriff „Waldpark" 10

Das Nützliche – Kulturlandschaft 13
    Wald- und Forstnutzung seit dem Beginn der Neuzeit 13
    Weidewirtschaft, Wein- und Hopfenanbau, Teiche 14
    Passstraße von Eisenach nach Wilhelmsthal 15

Das Vergnügen und das Schöne – Jagdlandschaft und erster Waldpark 17
    Der Wildpark im 18. Jahrhundert 17
    Wechselbeziehungen zwischen Wartburg und Landschaft 19
    Die Anfänge des Waldparks zwischen Wilhelmsthal und der Wartburg um 1800 20

Nützlich und schön – Der Waldpark unter Gottlob König und seinen Nachfolgern 25
    Die Forstlehranstalt sowie die Gestaltung der Lehrforste Eisenach, Ruhla und Wilhelmsthal 25
    Die forstästhetische Waldbehandlung rund um die Wartburg – ein Denkmal der Forstgeschichte 27
    Die neuen „Kunstwege" des Waldparks 29
    Erschließung von Felsschluchten und Felsformationen 31
    Zur Erschließung der Talräume 37
    Erinnerungszeichen – Inschriften, Denkmäler, Gedenksteine, Gedenksitze 40
    Aussichtsplätze und Sichten 46
    Der Waldpark – Impulsgeber für Fremdenverkehr, Villenbebauung und Gastronomie 47
    Integration verkehrstechnischer Einrichtungen 50
    Weitere Elemente des Waldparks: archäologische Denkmale, geologische Sehenswürdigkeiten 53

Das Pathos – Prägung des Wartburgumfeldes durch die Memorialkultur der Burschenschaftsbewegung 55
    Burschenschaftsdenkmal mit Burschenhaus 55
    Langemarck-Denkmal 58
    Bismarckturmwettbewerb und der Bismarckturm auf dem Wartenberg 58

Aneignungsversuche – Die Wartburglandschaft und die Nationalsozialisten 60
    Wartburg-Waldbühne – eine frühe „Thingstätte" 60
    Hakenkreuz oder christliches Kreuz? 61

Zur gegenwärtigen Situation des Waldparks Wartburg 62
    Schutzstatus 62
    Wald- und Forstnutzung 63
    Infrastruktur, touristische Erschließung, Informationssystem 64
    Bestandsbewertung 65
    Störungen, Beeinträchtigungen und potentielle Gefahren 65

Zielstellung/Perspektiven 66
    Kernziele 66
    Grundsätze/Kernmaßnahmen 66

Übersichten 69
    Übersicht 1: Erinnerungszeichen, Denkmale 70
    Übersicht 2: Felsbildungen 78
    Übersicht 3: Aussichtsplätze, Sichten und Panoramen 80
    Übersicht 4: Gedenkbäume und markante Einzelbäume 94

Anhang 101
    Literaturverzeichnis 102
    Kernfakten zur (Bau-)Geschichte der Wartburg 104
    Begriffssynonyme 104
    Materialien 105
    Abbildungsnachweis 111

Vorwort

Die Wartburg zählt ohne Zweifel zu den wichtigsten europäischen Burgen und ist als Erkennungszeichen weit über die Grenzen Deutschlands hinaus bekannt. Doch gehört zu ihr nicht nur das unmittelbare Burgumfeld sondern auch die umgebende Landschaft, welche einerseits das markante Erscheinungsbild der Burganlage sehr wesentlich prägt, andererseits selbst gezielt gestaltete Kulturlandschaft ist. Diese enge Zusammenwirkung von Burganlage und umgebender Landschaft wird auch in der offiziellen Beschreibung zur Ernennung der Wartburg zum UNESCO-Weltkulturerbe 1999 hervorgehoben.

Vom Thüringischen Landesamt für Denkmalpflege und Archäologie (TLDA) wurde 2011 ein Teil der Wartburglandschaft als Denkmalensemble „Waldpark Wartburg" in das Denkmalbuch des Freistaates Thüringen eingetragen.

Hintergrund für die Eintragung war u.a. das Bemühen der Thüringer Denkmalfachbehörde um einen höheren Schutz für die Umgebung der Wartburg und der zur Burg gehörigen künstlerisch überhöhten Landschaft..

Die Kulturlandschaft um die Wartburg entwickelte sich allmählich über Jahrhunderte. Die Besonderheit ist die enge Wechselwirkung zwischen der Landschaft und ihrer Burg.

In der vorliegenden Arbeit wird die bisher nur in Teilaspekten oder am Rande betrachtete historische Kulturlandschaft, in welche die Wartburg eingebettet wurde, im Zusammenhang und als Ganzes analysiert, wie etwa die bewussten landschaftsgestalterischen Maßnahmen des 19. und frühen 20. Jahrhundert mit den Wartburgblicken, romantischen Partien, Gedenksteinen, Wegeführungen und Sichtachsen. Die Ausführungen zeigen, wie sich die Kulturlandschaft durch immer neue wechselseitige Befruchtungen zu dem, was wir heute als Waldpark Wartburg bezeichnen, entwickelte. Neben der wissenschaftlich-historischen Darstellung der Entwicklung der Wartburglandschaft wurde auch ein Katalog der verschiedenen landschaftsgestalterischen Elemente und der gestalterischer Ausstattungen, wie Denksteine, Ruhesitze usw. durch Daniel Rimbach erarbeitet.

Diese Publikation zum „Waldpark Wartburg" wird ihren Beitrag leisten, dass die Kommunikation aller Beteiligter auf Bundes- und Landesebene trotz konkurrierender Gesetzgebung hinsichtlich des Bundesnaturschutzrechtes und des Landesdenkmalrechts dahingehend gelingt, einen dauerhaften Schutz der Pufferzone um das Welterbe Wartburg zu gewährleisten.

Holger Reinhardt
Landeskonservator

Ausgangslage

In den letzten Jahrzehnten haben sich Denkmalschutz und Denkmalpflege verstärkt historischen Kulturdenkmallandschaften zugewandt. So wurde der Ehrentitel „Weltkulturerbe der UNESCO" u. a. der „Kulturlandschaft Lednice-Valtice" (CZ, 1996), „Dessau-Wörlitzer Gartenreich" (D, 2000), der „Kulturlandschaft Wachau" (AUT, 2000), der „Kurischen Nehrung" (LIT & RUS, 2000), „Kulturlandschaft Ferto/Neusiedlersee" (AUT & HU, 2001), der „Kulturlandschaft Oberes Mittelrheintal" (D, 2002), der „Bergbaulandschaft von Cornwall und West Devon" (GB, 2006) sowie den „Agropastoralen Landschaften der Causses und Cevennen" (F, 2012) verliehen.

Die Wartburg zählt ohne Zweifel zu den wichtigsten europäischen Burgen. Als Chiffre und Erkennungszeichen ist sie weit über die Grenzen Thüringens und Deutschlands bekannt. Die „mit kulturellen Werten von universeller Bedeutung verknüpft[e]" Burg wurde 1999 in das Welterbe der Menschheit aufgenommen (vgl. Dt. UNESCO-Kommission e.V.). Die offizielle Beschreibung zur Ernennung der Wartburg zum UNESCO-Weltkulturerbe hebt gleich zu Beginn die Bedeutung der Burgumgebung hervor: „Wartburg Castle blends superbly into its forest surroundings and is in many ways ‚the ideal castle'." (vgl. ebd.) Erst die Einbettung in eine „forstlich" geprägte Umgebung macht das Bauwerk endgültig zu einer idealen Burg. Trotzdem beschränkt sich der Gebietsumgriff – sowohl in der Denkmalausweisung als auch in der UNESCO-Urkunde – auf das unmittelbare Burgumfeld. Eine *klare* Definition der darüber hinaus zu schützenden Kulturlandschaftsbereiche fehlte.

Obwohl in Thüringen selbstverständlich seit Jahrzehnten Denkmalensembles, insbesondere bauliche Gesamtanlagen sowie historische Park- und Gartenanlagen, als Kulturdenkmale grundsätzlich akzeptiert sind, sorgte die „offizielle" Feststellung der Kulturdenkmaleigenschaft des „Wartburg Waldparks" durch das Landesamt für Denkmalpflege und Archäologie und die Eintragung in das Denkmalbuch im Jahr 2011 für erheblichen Pressewirbel. Vertreter von Forstwirtschaft und Holzindustrie liefen gegen die Ausweisung Sturm. Hierzu mag beigetragen haben, dass es sich bei dem Waldpark um ein Kulturdenkmal handelt, welches zum größten Teil aus Forstflächen besteht. Diese relativ ungewöhnliche Situation führte zu Missverständnissen bezüglich des künftigen denkmalpflegerischen Umgangs mit dem Objekt und der Ziele der Unterschutzstellung.

In der vorliegenden Arbeit wird erstmals zusammenfassend die bisher nur in Teilaspekten oder am Rande betrachtete historische Kulturlandschaft, in welche die Wartburg eingebettet wurde und die sich durch immer neue wechselseitige Befruchtungen zu dem, was wir heute als Waldpark Wartburg bezeichnen, entwickelte, im Zusammenhang und als Ganzes analysiert. Die wesentlichen denkmalkonstituierenden Bestandteile sowie Kernziele für den weiteren Umgang werden benannt. Zu vielen Einzelbestandteilen, zu allererst natürlich zur Wartburg selbst, zum Burschenschaftsdenkmal, aber auch zu anderen denkmalwürdigen Einzelobjekten liegen bereits, teilweise sehr detaillierte, Ausarbeitungen vor. Hauptziel dieser Arbeit ist es, einen Überblick über die gesamten denkmalwürdigen Bestandteile des heutigen (und wenn notwendig des historischen) Waldparks zu geben.

Der Wartburg Waldpark entstand in der jahrhundertelangen gegenseitigen Beeinflussung von Burg und Landschaft. Die künstlerische Rezeption der Landschaft, insbesondere das Wirken der Forstwirtschaft – in Verbindung mit ihren selbstgesetzten forstästhetischen Zielen – ließ seit dem 19. Jahrhundert zwischen Wartburg und Schloss Wilhelmsthal ein eigenständiges Gesamtkunstwerk entstehen.

Dieses wäre einerseits ohne die Wartburg nicht denkbar, andererseits wiederum bliebe die Wartburg ohne den Waldpark ein Fragment und wäre keinesfalls „the ideal castle". Es bleibt zu hoffen, dass die vorliegende Veröffentlichung dazu beiträgt, die herausragende kulturelle und ästhetische Bedeutung des Waldparks Wartburg stärker in das Licht der Öffentlichkeit zu rücken.

Zum Wartburg-Mythos

Die Wartburg ist viel mehr als nur eine seit dem 19. Jahrhundert restaurierte mittelalterliche Burg. Ihre heutige Bedeutung erlangte die Burg bzw. das geistige Konstrukt „Wartburg" erst durch die mythische Überhöhung im Laufe ihrer Rezeptionsgeschichte.

Die „Wartburg" ist eine Chiffre, eine Projektionsfläche, die wahlweise (oder auch gleichzeitig) für die Burg als mittelalterliches Bauwerk, die ideale Burg in einer idealen Landschaft, die Heilige Elisabeth, Martin Luther, die Reformation, die deutsche(n) Teilung(en) und (Wiederver-)Einigung, die Burschenschaftsbewegung, den Sängerkrieg, den historischen Burgenkult, für Thüringen; ja sogar für Deutschland und Europa insgesamt steht. War die Wartburg im Mittelalter in erster Linie eine „hervorragende Pflegestätte westeuropäisch-französisch geprägter höfischer Kultur" (Schuchardt 1992, S. 4) sowie zu Beginn der Neuzeit im Jahr 1521 Ort der Bibelübersetzung durch Martin Luther, erwächst ihre heutige Bedeutung erst aus ihrer stufenweisen Rezeption eben dieser Geschichte in den folgenden Jahrhunderten. Doch damit nicht genug: Jede neue „Wartburg-Renaissance", ganz gleich ob durch Goethe, durch Richard Wagner, durch die beiden großen

Abb. 1 Eisenach, „Die Wartburg im 14. Jahrhundert", undatierter Kupferstich, um 1840. In der Rückschau des 19. Jahrhunderts war die Burg endgültig zur Projektionsfläche für ein verklärtes Geschichtsbild geworden.

Wartburgfeste der Burschenschaften (und alle folgenden) oder durch die verschiedenen Restaurierungen, Ausstellungen und Veranstaltungen initiiert, jede neue Rezeption schloss stets die vorherigen Rezeptionen mit ein und akkumulierte so den Wartburg-Mythos, der weitaus größer ist als die Summe seiner Einzelteile.

Das zentrale, sinn- und namensgebende Bauwerk des Waldparks ist selbstverständlich die heute als UNESCO-Welterbe geschützte Wartburg selbst. Über die Geschichte und Baugeschichte des seit Beginn der 1920er Jahre in Obhut der Wartburg-Stiftung befindlichen Gebäudes braucht an dieser Stelle nicht berichtet werden. Es gibt wohl kaum ein weiteres Bau- und Kulturdenkmal in Deutschland, dessen (Restaurierungs-)Geschichte derart gut dokumentiert ist. Allein die Jahrbücher der Stiftung selbst füllen ganze Bücherregale. Deshalb soll in der vorliegenden Publikation in erster Linie auf die Wechselwirkungen zwischen der Wartburg, sei es als konkretes Bauwerk, Geschichtsort, Mythos oder Projektionsfläche, und „ihrer" Landschaft eingegangen werden.

Zum Begriff „Waldpark"

Vorab muss der in der Denkmalausweisung von 2011 verwendete, zentrale Begriff „Waldpark" näher beleuchtet werden. Der Ausdruck „Waldpark" sorgte – in erster Linie bei Laien sowie in der Forstverwaltung – für Irritationen: War aus den Wald- und Forstflächen rund um die Wartburg „plötzlich" ein denkmalgeschützter Park entstanden? Und wenn ja, darf man denn da überhaupt noch ohne eine entsprechende denkmalrechtliche Genehmigung Holzwirtschaft betreiben?

Hierzu muss man sich zunächst der zentralen Persönlichkeit der historischen Waldgestaltung in den Forsten Eisenach, Ruhla und Wilhelmsthal, Forstrat Gottlob König, zuwenden. Fast 50 Jahre wurden unter seiner Ägide, ab Beginn des 19. Jahrhunderts, die Waldflächen des heutigen Denkmalensembles – und weit darüber hinaus – gestaltet. König selbst sprach bei ästhetischen Maßnahmen in Wirtschaftswäldern (und nur um solche ging es dem Forstmann König stets!) von „Poesie des Waldbaues" (1844) bzw. „Lieblichkeitspflege der Waldungen" (1849). Diese grundsätzlichen Maßnahmen waren seiner Ansicht nach in allen Forstflächen, nicht nur in der Umgegend der Wartburg, umzusetzen.

Die Wartburgumgebung wurde zwar nicht allein durch das Wirken von Forstrat König ästhetisiert, dennoch ist ohne sein umfangreiches Schaffen in der ersten Hälfte des 19. Jahrhunderts die weitere Entwicklung zur heutigen Denkmallandschaft unvor-

Abb. 2   Eisenach, „Die Wartburg", Buchillustration, um 1890

stellbar. Die zahlreichen „Lieblichkeitsmaßnahmen" in den Wäldern und in der Landschaft zwischen Wartburg und Wilhelmsthal, die schon vor König begannen und auch nach ihm bis weit in das 20. Jahrhundert fortgesetzt wurden, hatten schon zu Königs Lebzeiten eine solche Dichte und Qualität erreicht, dass die einfachen Bezeichnungen „Wald" oder „Forst" stets zu kurz griffen, hierfür mussten andere Begriffe gefunden werden.

Bereits am Ende von Königs Schaffensperiode in Ruhla berichtete ein Zeitgenosse: „Vom Glöckner bis zur Hohen Sonne […] glaubt [man] einen P a r k zu durchwandern" (zit. nach Schwartz 2010, S. 47). Großherzogin Maria Pawlowna vertraute ihrem Tagebuch ihre Gedanken zur Gestaltung der Wartburglandschaft an: „Als wir diese Pfade [in den Anlagen südlich von Eisenach] wandelten, die mit Geschmack und Geist behandelt waren, machte ich die Bemerkung, dass es sich zur Zeit nur darum handelte, der Natur ein wenig Hilfe zu gewähren, um den schöneren Teil einer jeden Landschaft sichtbar zu machen, und dass diese Gefilde eingehüllt in einen ungeheuer großen P a r k und abwechselnd durch den Unterschied der Vegetation, in ihrer Ausdehnung gefälligere Spaziergänge gewährten als die Gärten, übertrieben gesprochen." Ja, sie träumte sogar davon, das ganze Land, d. h. das ganze Großherzogtum Sachsen-Weimar-Eisenach im Sinne dieser Idee zu gestalten: „Ich begeisterte mich daran, unser ganzes Land so eingerichtet und behandelt zu sehen, mit schönen Wegen in der Nachbarschaft von großen Straßen und mit vielen Anpflanzungen von verschiedenen Bäumen" (zit. nach Schwartz 2010, S. 273).

Der Terminus „Waldpark" in Zusammenhang mit den forstästhetisch gestalteten Waldungen südlich von Eisenach wurde zum ersten Mal im Jahr 1849 vom damaligen Oberbürgermeister August Julius Röse gebraucht, der von 1847 bis 1884 Stadtoberhaupt von Eisenach war. Er regte an, Forstrat König für seine Verdienste zur Landschaftsgestaltung, „inmitten seiner Schöpfung, dem W a l d p a r k zwischen Eisenach und Wilhelmsthal" zu ehren (Röse 1849 zit. nach Weigel 1992, S. 112). Der Gartenkünstler, Hofgärtner und Gartenbuchautor Hermann Jäger verwendete 1871 die Bezeichnung Naturpark: „Die ganze Gegend kann ein großer N a t u r p a r k genannt werden, denn die schönsten Punkte sind durch gut geführte und gut gehaltene Kunstwege miteinander verbunden […] (Jäger in Schwerdt/Jäger 1871, S. 87). Die gleiche Wortwahl verwendete der Gartenkünstler Eduard Petzold, der in seinen Erinnerungen (1890) König für dessen Verdienste um die Erschließung des N a t u r p a r k e s würdigte (vgl. Schwartz 2010, S. 271). Das Wortgebilde „Naturpark" ist heute ein Begriff des Flächennaturschutzes und im Bundesnaturschutzgesetz definiert, somit scheidet es für eine denkmalschutzrechtliche Klassifizierung aus.

Ellen Schneider beschäftigte sich in ihrer 2011 veröffentlichten Dissertation an der Fakultät Architektur der TU Dresden[1] ausführlich mit dem Phänomen „Waldpark". Grundsätzlich war der Begriff „Waldpark" schon im ersten Drittel des 20. Jahrhunderts umstritten. Die Begriffe Waldpark, Stadtwald, Natur- und Schönheitswald, Parkwald u. a. wurden und werden teilweise synonym verwendet (vgl. Schneider 2011, S. 13).

Nach Schneider (2011, S. 1) gehören zum Anlagentyp „Waldpark": „stadtnahe, meist stadteigene Wälder oder Teile von Waldkomplexen", die „für die Erholungsnutzung erschlossen und in der Regel auch gartenkünstlerisch überformt" wurden. Weitere wesentliche Merkmale des Waldparks sind nach Schneider: die Erschließung sowohl für die aktive als auch die kontemplative Nutzung, die freie Zugänglichkeit, die funktionale und/oder visuelle Verbindung mit der Stadt und deren Umland, Verkehrsverbindung zur Stadt sowie die Bewirtschaftung der Waldbestände nach vorrangig ästhetischen Bestrebungen des Heimatschutzes, gartenkünstlerischer Leitbilder und forstästhetischen Ideen.

Betrachtet man nun den heutigen Wartburg Waldpark unter diesen Gesichtspunkten, lässt sich feststellen, dass die Definition von Schneider hierfür nur zum Teil zutrifft. Die wichtigsten Unterschiede seien im Nachfolgenden genannt:

Ausgangslage

a.) Die Nähe und Verbindung zu einer Stadt, d.h. zur Stadt Eisenach, ist zwar gegeben, mindestens genauso wichtig ist darüber hinaus jedoch die optische und fußläufige Anbindung des Waldparks an die Wartburg.

b.) Die Herausbildung des Waldparks zwischen Wartburg und Wilhelmsthal fand bereits in der ersten Hälfte des 19. Jahrhunderts unter maßgeblichem Einfluss der Forstästhetik statt. Die Entwicklung wurde bis zu Beginn der 1930er Jahre fortgeführt.

c.) Ab der Zeit um 1900 traten im Wartburg Waldpark neben die forstästhetischen Maßnahmen zunehmend Bestrebungen des Heimat- und Denkmalschutzes (u.a. Blaue Linie, [Nicht-]Bebauung des Johannisthales) in den Vordergrund.

d.) Eine aktive Erholungsnutzung (mit Ausnahme des Spazierengehens und Wanderns sowie des ehemaligen Luftbades am Metilstein) durch Sport und Spiel war nie vorgesehen, die eher kontemplative Aneignung der Landschaft stand und steht im Mittelpunkt der Waldparkrezeption rund um die Wartburg.

Der Waldpark Wartburg ist stärker forstwirtschaftlich und forstästhetisch geprägt als die von Schneider (2011) beschriebenen Waldparke, die stärker gartenkünstlerisch/gartenarchitektonisch geprägt sind und sich mehr am Typus des modernen Volksparkes orientieren.

Trotzdem kommt der Terminus „Waldpark" der gestalteten Landschaft zwischen Eisenach und Wilhelmsthal am nächsten, da der Begriff[2] „Waldpark" für einen Wald bzw. Forst steht, der in Teilen nach ästhetischen Prinzipien gestaltet, für die Freizeitnutzung bewusst erschlossen und durch forstliche Holznutzung geprägt ist.

Das Nützliche – Kulturlandschaft

Wahrscheinlich schon seit dem frühen Mittelalter, spätestens seit dem hohen Mittelalter war die Landschaft rund um die Wartburg vollständig zu einer durch den Menschen geprägten Kulturlandschaft geworden und damit keine Naturlandschaft mehr. Diese Landschaft hatte „nützlich" zu sein und den unmittelbaren Bedürfnissen des Menschen – nach Nahrung, nach Brenn- und Bauholz etc. – zu dienen. Ausnahmen waren hierbei nur die schwer zugänglichen Felsen und Schluchten. Die Geschichte dieser Landschaft soll anschließend kurz skizziert und gleichzeitig auf weiterführende Literatur verwiesen werden. Hierbei findet jedoch im Wesentlichen eine Beschränkung auf die das Landschaftsbild prägende Wald- und Weidewirtschaft statt, auf weitere Nutzungen wie z. B. den Bergbau kann im Rahmen dieser Arbeit nicht eingegangen werden.

Wald- und Forstnutzung seit dem Beginn der Neuzeit

Der westlichste Teil des Thüringer Waldes rund um die Wartburg wurde von der Forstakademie Eisenach (1830–1915) als Lehrforst genutzt. Insbesondere die Direktoren der Akademie Gottlob König (1776–1849) und Carl Grebe (1816–1890) haben intensiv zur Waldgeschichte des Gebietes gearbeitet und auch ihr eigenes Wirken dokumentiert (vgl. hierzu Haupt et al. 1990, S. 10). Nach diesen und anderen Untersuchungen wird die Rotbuche als die ursprünglich, vor Einwirkung des Menschen, fast allein beherrschende Baumart angesehen. Nach neueren Untersuchungen z. B. von Küstner (1999, S. 105) breitete sich die Buche jedoch erst nach den ersten Rodungen der Jungsteinzeit in Mitteleuropa aus. Über die konkreten Auswirkungen menschlicher Nutzung des westlichen Thüringer Waldes vor dem Mittelalter ist nur sehr wenig bekannt. Auch die Einwirkungen der im Untersuchungsgebiet nachgewiesenermaßen ehemals vorkommenden Großherbivoren (Auerochse, Wisent) auf die tatsächliche Zusammensetzung der Baumarten und Ausprägung der Landschaft (dichter Wald oder „Savanne"?) sind noch nicht hinreichend untersucht.

Die wichtigste Quelle zur historischen Waldgenese und Forstästhetik ist das von Carl Grebe 1858 veröffentlichte Werk „Die Lehrforste der Eisenacher Forstschule: Eisenach, Wilhelmsthal und Ruhla". Darin werden sowohl der 1858 vorhandene Holzbestand, dessen Geschichte und gegenwärtige forstliche Behandlung sowie die damaligen Entwicklungsziele als auch auf rund 70 Seiten die Grundsätze der „Waldverschönerung" dargelegt. Im Nachfolgenden werden die wichtigsten Erkenntnisse dieses Werkes zur Waldentwicklung rund um die Wartburg zusammenfassend dargestellt.

Seit dem Mittelalter wurde im Gebiet Nieder- und Mittelwaldwirtschaft betrieben. Diese besonders zur Gewinnung von Holz mit geringerem Durchmesser äußerst effektive Methode diente der Bereitstellung von Heizmaterial und ab dem Aufkommen des Bergbaues auch von Brennmaterial für die Verhüttung. Die bei der Mittelwaldwirtschaft nicht regelmäßig umgetriebenen „Überhälter" wurden zur Gewinnung von Bauholz mit stärkeren Stammdurchmessern verwendet Diese Nutzung förderte vor allem die Eiche und drängte die Buche zurück. Die Burgberge der Wartburg, des Metilsteins und der Eisenacher Burg wurden auch aus Verteidigungsgründen offen gehalten. Hinzu kam, vor allem in Ortsnähe, die Waldweide. Schon im 16. Jahrhundert machte sich teilweise Holznot bemerkbar. Erste Holzordnungen wurden erlassen. Auch Nadelholzarten werden seit Jahrhunderten in Teilbereichen angebaut. Um 1640 erfolgten wahrscheinlich die ersten Nadelholzansaaten. Kiefern wurden in lückigen Niederwaldbeständen gesät, später kamen Fichten auf Blößen und verlichteten Stellen hinzu (vgl. hierzu auch Haupt et al. 1990, S. 10). Bis ungefähr 1700 wurde eine ungeordnete Nieder- und Mittelwaldwirtschaft mit bis zu 25- bis 30-jährigem Umtrieb durchgeführt. Vor der allerersten Forsteinrichtung und Vermessung Mitte der 1760er Jahre war jahrzehntelang wenig eingeschlagen worden, so dass die „ältesten Schläge damals im Unterholz 50–60 Jahre erreicht und mit übergehaltenem lichterem, theils vollerem Oberholze versehen" waren. Die Umtriebszeit wurde bei der Forsteinrichtung in den 1760er Jahren zunächst mit 50 bis 60 Jahren festgesetzt, kurz darauf um 1785 jedoch nochmals erhöht. Der Wald „füllte sich immer mehr", die „früher reichlich eingesprengten Aspen und Vogelbeeren [verschwanden] immer mehr." Ab Mitte des 18. Jahrhunderts wurden auch Nadelholzforste durch „Umwandlung einiger herabgekommener Laubholzorte" eingerichtet (Grebe 1858, S. 15–16.).

Um 1760 kamen zu den üblichen Fichten auch Lärchen versuchsweise hinzu, ab 1780 in der Tiroler Form. In der Zeit um 1800 erfolgte dann der endgültige Beschluss, „in dem größten Theile des Waldes die Hochwaldbehandlung einzuführen". Diese Waldbehandlung führte man dann schrittweise mit den Betriebseinrichtungen durch Gottlob König bis 1820 in allen drei Revierteilen ein. In den höheren Forstbereichen bei Ruhla siedelte man vor allem Fichten an, während in den tieferen Bereichen – vor allem in Wilhelmsthal und rund um Eisenach – die Buche u. a. durch die Unterstützung der Naturverjüngung stark gefördert wurde. Die Buche ist seit dieser Zeit (wieder) die bestimmende Baumart. Weiterhin „förderte man die äußeren Zustände des Forstes durch tüchtigen Wegebau ec., durch sinnige Verschönerung, und suchte somit in jeder Weise das Waldvermögen zu heben" (Grebe 1858, S. 15 ff.).

Senft (1865) skizziert in seinem Werk „Die Vegetationsverhältnisse der Umgebung Eisenachs" die Wald- und Kulturlandschaftsentwicklung und den Status quo der Naturausstattung in der Zeit kurz vor dem Industrialisierungsschub und unmittelbar vor der massiven Stadterweiterung nach der Reichseinigung 1871 aus der Sicht des Geologen und Botanikers. Er beschreibt (S. 10 ff.), über 60 Jahre nach Einführung der Hochwaldwirtschaft, die „Wälder der Buche" als im Gebiet absolut vorherrschend. In diese ausgedehnten über „100 Fuß hohen [...] Hochwaldhallen der Buche" waren noch einige „mächtige Stämme von Eschen, Ulmen und Bergahornen [...] oder von knorrigen, zackigästigen Eichen und wulstigstämmigen Hainbuchen [...] auch von massigen Kiefern" und an feuchten Stellen auch einige wenige Birken eingemischt.

Die Eichenwälder waren, wie auch andere Chronisten bestätigen, durch die Forstwirtschaft des 19. Jahrhunderts auf dem Rückzug: „Das eben durchwanderte Buchengebiet war an seiner nördlichen, der Stadt Eisenach zunächst gelegenen Grenze in früheren Zeiten, ja theilweise noch vor 40 Jahren [um 1825], von einem stattlichen Eichenhaine umgürtet, welcher von den Felsenrücken des Hainsteiges, der Wartburg, Eisenacherburg und Viehburg einerseits und von den steinigen Gehängen des Rudolfsteines, Breitengescheides und Bethemens [...] andererseits bis zu Sohle des Marienthales herabstieg und nur die mit fischreichen Wasserbecken oder Sumpfpfuhlen besetzten Gründe des Hain-, Hell-, Lilien-, Marien- und Johannisthales unbesetzt ließ" (Senft 1865, S. 22). Senft beschreibt weiter die „Nadelholzwälder", die „erst im jetzigen [19.] Jahrhunderte durch die cultivirende Hand des Forstmannes entstanden, bestehen vorherrschend aus Fichten (Abies excelsa) oder Kiefern (Pinus sylvestris), hie und da (so im Marienthale) aus glattstämmigen Weimutskiefern (Pinus strobus) und langnadeligen Schwarzkiefern (Pinus nigricans) oder aus Lärchen (Larix europaea) [...]" (Senft 1865, S. 26 f.). Auch der Flora der Schluchten und Felsen widmet Senft jeweils eigene Kapitel (S. 28 ff.).

Weidewirtschaft, Wein- und Hopfenanbau, Teiche

Seit dem Hohen Mittelalter wurden Flächen zur Waldweide (v. a. in den lichten Eichenwäldern) sowie große offene Flächen als reine Weide- oder Hutungsflächen genutzt. Diese Weideflächen bestanden teilweise bis zum Ende des 19. Jahrhunderts, obwohl seit Beginn des 19. Jahrhunderts ein Rückgang dieser Nutzungsform zu verzeichnen war. Auch der Wein- und Hopfenanbau veränderte das Antlitz der Landschaft. So notiert Senft (1865, S. 33 f.): „Auf diese Weise [d. h. durch Rodung, Ackerbau und darauf folgende Beweidung] entstanden schon damals [zur Zeit von Hermann I., d. h. um 1200] die großen Blößen auf dem Breitengescheide, den Knöpfelsbergen, der jetzt wieder bewaldeten Viehburg, am Nordabhange des Mädelsteins und im Georgenthale.

Später wurde die Zahl dieser Blößen noch vermehrt, als verschiedene Landgrafen den zahlreichen Klöstern Eisenachs die Waldungen am Bötemen, Hasenbühl, Karthäuserberg und Ofenstein zu Anlegung von Hopfen- und Weinbergen überließen. Und als nun [...] um diese Zeit auch die Bewohner Eisenachs Hopfen- und Weinbau zu treiben begannen, verschwanden auch die stattlichen Waldungen an Südgehängen des Rammelsberges, der Michelskuppe, des Warten-, Landgrafen-, Peters- und Hörselberges." An anderer Stelle vermerkt Senft (1865, S. 54 f.), dass die Hopfen- und Weinpflanzungen im 16. Jahrhundert „300 Acker Landes" einnahmen und von diesen Kulturländereien noch einige Unkräuter sowie einige Weinstöcke überlebt hätten. Auch beklagte er (1865, S. 37) die zunehmende Überweidung und Verarmung der Triften (Hutungen) des Rotliegenden, so dass am Ende „der Forstmann der aussterbenden Triftenflora das Grab [gräbt] und bepflanzt ihre Grabhügel mit genügsamen Kiefern und anderen Nadelhölzern, um das vor Jahrhunderten dem Walde entwendete Gebiet demselben wieder zurückzugeben". Einige Triften, vor allem in den Tallagen, wurden nicht in Wald, sondern in Wiesen umgewandelt, so z. B. im Johannisthal (vgl. Senft 1865, S. 41).

Für die vor über 200 Jahren beginnende forstästhetische Aneignung der Landschaft (Sichten, Erlebbarkeit von Tälern & Felspartien etc.) war der hohe Anteil von offenen Weideflächen eine ideale Ausgangsbasis. Insgesamt ist der Offenlandanteil heute (2014) auf einem historischen Tiefstand, dies beeinträchtigt in großen Teilen des Waldparks die beabsichtigte visuelle Wahrnehmung der Natur- und Kulturlandschaftselemente.

Die im Untersuchungsgebiet größtenteils noch heute existierenden Teiche legte man einst als Viehtränken an. Im Rahmen der ästhetischen Umgestaltung der Landschaft seit dem frühen 19. Jahrhundert wurden sie als belebende Elemente in die Gesamtkonzeption integriert. Sie gehören als Zeugen der Landschaftsgenese zum denkmalkonstituierenden Bestand. Hierzu gehören u. a.: die Hainteiche im Haintal, die Teiche am unteren Ende der Landgrafenschlucht, der Ochsenteich am nördlichen Eingang zum Annatal (Drachenschlucht) sowie die Knöpfelsteiche. Der Prinzenteich (als Löschwasserteich ab 1854 angelegt) und der Marienteich (beide im Mariental gelegen), die Teiche zwischen Bärenbach und Unkengraben (Nähe Wilhelmsthal) sowie die bei Attchenbach befinden sich außerhalb des engeren Untersuchungsgebietes.

Passstraße von Eisenach nach Wilhelmsthal

Seit Menschengedenken gibt es einen Weg bzw. eine Straße von Eisenach in südliche Richtung über den Thüringer Wald in Richtung Meiningen und weiter nach Franken. Da der Weg durch das spätere Annatal – mit der heute als Drachenschlucht weitbekannten Klamm – stets unpassierbar war, erschloss man eine Wegeführung leicht östlich davon. Hierfür musste eine Felsformation behauen werden. Dieser Behau und auch die gesamte Straße wurden immer wieder den – stets zunehmenden – Bedürfnissen des Verkehrs angepasst.

Dies stellt bereits Dietrich 1806 fest: „Unter mannigfaltigen Abwechslungen gelangen wir ans Ende des Marienthals bey den sogenannten gehauenen Stein. Die ungeheuren Felswände, welche sich auch in dieser Gegend über uns erheben und an schattigen Orten dicht mit Polypodium vulgare Linn., auch anderen Farrenskräutern, Moosen und Flechten bedeckt sind, verkündigen überall die Größe und Freigiebigkeit der Natur. Von hier ist der Weg nach Wilhelmsthal zwar bergigt, aber doch wegen den reichen Schatten des Waldes sehr angenehm." In einer Fußnote zum Gehauenen Stein vermerkt Dietrich: „Von dem gehauenen Stein giebt Hr. Schumacher in seinen Merkwürdigkeiten p. 64. Folgende Nachricht: ‚Man glaubt insgemein, der Weg nach Franken, der in den felsigen Berg nach der Hohen Sonne zu gehauen ist und den man den gehauenen Stein zu nennen pflegt, sey erst unter des Herzogs Johann Wilhelms Regierung ausgehauen und so benannt worden. Da aber die ältesten Eisenachischen Geschichtsschreiber des gehauenen Steins bey erzählten Begebenheiten aus dem dreyzehnten und folgenden Jahrhunderten bereits Erwähnung thun, so erhellet daraus, daß Herzog Johann Wilhelm diesen Felsenweg nur breiter habe machen lassen.'" (Dietrich 1806, S. 15 f.) „In früheren Zeiten war dieser steile felsige Berg [der Gehauene Stein], an dem sich eine tiefe Schlucht hinzieht, für das Fuhrwerk gar nicht oder nur mit großer Gefahr zu passieren. Auf der entgegengesetzten Seite der Schlucht zieht sich an der Chaussee ein schmaler Felsenweg hin, welcher der Eselspfad hieß, folglich den Beweis liefert, dass vor dem 15ten oder 16ten Jahrhundert ein Fahrweg hier nicht oder nur unvollkommen vorhanden gewesen ist. Die Frachtfuhrleute, aus Franken kommend, sahen sich genöthigt, bei der Hohensonne entweder den bedeutenden Umweg rechts über die Weinstraße durch den Sengelsbach, oder links über den großen Saal, Todenheid und Hollunder nach Eisenach einzuschlagen, wo am Ort vielfältige Spuren ausgefahrener Hohlwege jetzt noch bemerkbar sind." (Storch 1837, S. 311) In wie weit der Weg wirk-

Abb. 3   Eisenach, „Die Fahrstraße am gehauenen Stein", um 1790

nicht befahrbar war, bleibt offen, da Storch hier in gewissem Gegensatz zu Dietrich steht. Storch führt hierzu weiter aus, dass zunächst Herzog Johann Wilhelm, der Gründer von Wilhelmsthal, um schneller dorthin gelangen zu können, den „bösen Weg" verbessern ließ. Unter Herzog Wilhelm Heinrich wurden weitere „kostspielige" Reparaturen an diesem Weg vorgenommen.

„Dem thatkräftigen Großherzog Carl August war es aber vorbehalten, die gefährliche Stelle in einen ungleich verbesserten Zustand setzen zu lassen. Die Höhe des felsigen, an einer jähen Tiefe hinziehenden Berges wurde durch eine gleichsam unternommene Titanenarbeit bedeutend abgesprengt und am Fuße desselben eine hohe Füllung aufgetragen." (Storch 1837, S. 312) Es ist davon auszugehen, dass der Weg am gehauenen Stein oberhalb des heutigen Annatals zwar schon lange als schmaler „Eselspfad" existierte, jedoch bis zum Ausbau unter Johann Wilhelm 1713 nicht für große Fahrzeuge gefahrlos passierbar war. Deshalb mussten Fuhrleute mit schwerer Ladung, z. B. Weinhändler, die längere, aber besser ausgebaute Weinstraße nutzen.

An die Straßenverbesserung zwischen Eisenach und Wilhelmsthal unter C[K]arl August von Sachsen-Weimar und Eisenach wird auch südlich des Rennsteiges erinnert. Hierfür wurde der Felsen an der Karlswand (kurz vor Wilhelmsthal) abgesprengt, um eine sicherere Fahrt zu ermöglichen. Eine 1809 in die Wand eingelassene Tafel würdigt diese Baumaßnahme. Die Inschrift enthält ein Chronogramm mit dem Text:

„Des VVohLtätigen herrsChers kräftIges VVort gab Dem VVanDerer hIer sIChere Strasse aVs VVVüstem GebVrgen".

Aus der Addition der hervorgehobenen römischen „Ziffern" ergibt sich die Jahreszahl **1808**. Die Straße nach Wilhelmsthal wurde nach der Straßenverbesserung unter Carl August eine Zeitlang „Carlstraße" genannt (vgl. Storch 1837, S. 562).

Abb. 4   Eisenach, Cläs-Kley-Stein, 2013. Seit 1620 markiert er den Ort eines plötzlichen Todesfalls.

An die Nutzung der Fahrstraße von Eisenach nach Wilhelmsthal erinnert auch der sogenannte Cläs-Kley-Stein. Seit 1620 befindet sich dieser Gedenkstein am heutigen Promenadenweg oberhalb des Gehauenen Steins in Richtung Hohe Sonne. Er markiert die Stelle, an der am 8. Januar 1617 Nicolaus Kley (ein fürstlich sächsischer Verwalter) in der fürstlichen Leibkutsche stadteinwärts fahrend verstarb.

Das Vergnügen und das Schöne – Jagdlandschaft und erster Waldpark

Neben der Nutzung der Kulturlandschaft um die Wartburg als Nahrungs- und Holzlieferant entwickelte sich auch die Benutzung der Landschaft zum Vergnügen. Aus der Jagd zur Ergänzung des Speisezettels hatte sich schon im Mittelalter ein herrschaftliches Privileg entwickelt. Die Jagd auf Hochwild gehörte zu den bevorzugten Freizeitbeschäftigungen des hohen Adels. Die hohe Jagd war auch der erste Ausgangspunkt für die ästhetische Aneignung und Umgestaltung der Landschaft im westlichen Thüringer Wald in der ersten Hälfte des 18. Jahrhunderts. Mit der „Entdeckung" der Landschaft und der „Natur" ab der Mitte des 18. Jahrhunderts folgten in der Zeit um 1800 erste Ansätze zur Gestaltung eines Waldparks, um die „schönen" und „erhabenen" Naturerscheinungen, insbesondere die Täler, Felsen und Schluchten für die – zunächst meist adeligen – Besucher zugänglich zu machen.

Der Wildpark im 18. Jahrhundert

Die herrschaftliche Jagdnutzung zwischen der Wartburg und Wilhelmsthal führte im Verlauf des 18. Jahrhunderts zu verstärkten gestalterisch-künstlerischen Eingriffen in die Landschaft, allen voran die Gestaltung des neuen Jagdschlosses Wilhelmsthal und eines zugehörigen riesigen Wildgeheges unter Johann Wilhelm von Sachsen-Eisenach sowie der Bau des Jagdschlosses Hohe Sonne unter Ernst August I. von Sachsen-Weimar.

Die Gegend zwischen Eisenach und dem heutigen Wilhelmsthal, dem früheren Wintershausen, war seit dem Mittelalter ein bevorzugtes herrschaftliches Jagd-Revier. Kurfürst Johann der Beständige ließ 1525 in der Nähe von Wintershausen eine „Wildscheuer" und 1528 ein Jagdhaus mit Stallungen errichten, schließlich gab es um 1530 im Gebiet (zumindest nach Otto Sckell, 1939) noch „Elenthiere [Elche!], Auerochsen, Bären, Wölfe und Luchse." Seit Beginn des 16. Jahrhunderts wird die Gegend von Wintershausen als herrschaftliches Jagdrevier genutzt.

Die Erinnerung an die herrschaftlichen Jagden wird durch das südlich des Rennsteigs mit „Wartburgblick" aufgestellte Steinkreuz „Wilde Sau" aus dem Jahr 1483 festgehalten. Der über 500 Jahre alte Gedenkstein in Erinnerung an einen Jagdunfall sorgt immer wieder für Spekulationen, da keine Originalaufzeichnungen zum Hergang existieren. Das Bildrelief zeigt jedenfalls eine mit Spieß durchgeführte Wildschweinhetzjagd[3] im tödlich verlaufenden Augenblick: Ein Jäger wird von einem Wildschwein unterlaufen, kommt auf ihm zum Reiten und wird dabei versehentlich anstelle des Schweins vom bereitstehenden Jagdkameraden mit einem Spieß erstochen. Das Kreuz ist der älteste datierte Stein am Rennsteig.

Das erste Schloss Wilhelmsthal wurde ab 1698 unter Johann Wilhelm von Sachsen-Eisenach (reg. 1698–1729) als ein neues „Jagt-Haus" errichtet. Ab 1710 folgte ein riesiges Wildgatter. Dessen Einfriedung begann am Hohen Kreuz (heute Hohe Sonne), lief entlang des Rennsteiges bis zur Taubenelle, dann den Petersiliengrund hinab bis zur Elte, dann weiter bis zum Böttnerheid, von dort zum Ringfelder Teich (Grünfelder Teiche), über den Bärenbach bis zur Todenheid und von da am Rennsteig entlang bis zum Anfangspunkt am Hohen Kreuz (Hohe Sonne) und umschloss eine Fläche von über 11 km². Innerhalb dieses Geheges fanden bis zu dessen Auflösung 1728 regelmäßig Treibjagden statt. Nach Storch (1837) wurde am Hohen Kreuz zeitgleich mit der Anstellung des ersten Wilhelmsthaler Jägers 1713 und nach der Anlage des Wilhelmsthaler „Thiergartens" 1712 unter Herzog Johann Wilhelm ein erstes Jagdhaus errichtet. Hier befand sich das Haupttor zum „Thiergarten", welches von einem Jäger bewacht wurde, der aber gleichzeitig „Kaffe, Bier, Brandewein oder auch ein Glas Wein auf Verlangen" reichen konnte (vgl. Storch 1837, S. 314). Auch Wilhelm Heinrich, der letzte Eisenacher Herzog (reg. 1729–1741), nutzte die Eisenacher und Wilhelmsthaler Umgebung zur Jagd. Aber auch schon erste Schritte zur komfortableren Erschließung des Gebietes nördlich des Rennsteiges wurden zu Beginn des 18. Jahrhunderts unternommen. So ließ Herzog Johann Wilhelm 1713 den Weg von Eisenach zum Rennsteig durch Aushauen der Felsen zu einem besseren Fahrweg ausbauen. Dieser Weg war vorher nur als Eselspfad benutzbar. Diese neue Straße hieß nun endgültig „Am Gehauenen Stein" (nach dem felsigen Bereich östlich oberhalb der heutigen Drachenschlucht benannt).

Abb. 5 Eisenach, Gedenkstein „Wilde Sau", 2013. Hier wird seit 1483 an einen tragischen Jagdunfall erinnert.

Das Vergnügen und das Schöne – Jagdlandschaft und erster Waldpark

Ernst August I., ab 1741 Herzog von Sachsen-Weimar-Eisenach, hielt sich extrem häufig im Wilhelmsthaler Revier zur Jagd auf. Die guten Jagdgründe rund um Eisenach und Wilhelmsthal waren nach dem Anfall des Herzogtums Sachsen-Eisenach wohl der Hauptgrund für seinen Daueraufenthalt im Eisenacher Teil des neuen Herzogtums. Rund um Eisenach entstand ein Kranz von mehreren Jagdschlösschen, allen voran das von Baumeister Heinrich Krohne entworfene Jagdschloss auf dem Hohen Kreuz, dessen Corps de logis 1744 mit einer „Hohen Sonne" verziert wurde, und seitdem Gebäude und Ort den Namen gaben.

Der vom Herzog vielbeschäftigte Baumeister Gottfried Heinrich Krohne, der u. a. auch für den Ausbau des Eisenacher Stadtschlosses und Umgestaltungen in Wilhelmsthal verantwortlich war, entwarf für das Jagdschloss „Hohe Sonne" die Pläne. Es wurde damals als barocke Dreiflügelanlage errichtet – mit einem Wohngebäude in der Mitte sowie Stallgebäuden, Küchenhaus und Jägerhaus in den Seitenbereichen. Das Wohnhaus war unter anderem mit einem Turmaufsatz versehen, dessen schmiedeeiserne Krone mit der bis heute namensgebenden Sonne verziert war. Das Schloss war schon kurz nach Herzog Ernst Augusts Tod im Jahr 1748 wieder baufällig bzw. wurde nie richtig fertiggestellt.

Lediglich der straßenseitige Pavillon blieb von der Rokokoanlage bestehen. Dieser wurde im 19. Jahrhundert als Chausseewärterhaus und Ausschank benutzt: „Dem Wanderer stand aber nur der an der Straße befindliche flache Bau zur Einkehr zur Verfügung". Darüber berichtet später der Dichter August Becker in seiner Erzählung „Auf Waldwegen" (1881). Auch der Verein der „Severinusbrüder" tagte jeweils mittwochs in diesem Häuschen.

Mit dem Ruhlaer Häuschen war ein weiteres Jagschloss von Ernst August I. und Krohne am Rennsteig geplant. Die diesbezüglichen Bauarbeiten wurden jedoch nach dem Tod von Ernst August I. im Jahre 1748 nicht mehr fortgeführt, innerhalb weniger Jahre verschwanden die begonnenen Bauwerke wieder. Unter Ernst August I. gab es offenbar erste Bestrebungen, die einzelnen Schlösser auch gestalterisch miteinander zu verbinden, so heißt es in den Bauarchivalien des Jahres 1743: „Von den Häußgen auf dem Hohen Kreutz [= Hohe Sonne, D.R.] ist keine Allee anzubringen, dass man nach Wilhelmsthal sehen könnte, wohl aber von der Höhe, die ein wenig darüber liegt [gemeint ist der Hirschstein, D.R.]" (zit. nach Knobloch 2012, S. 125).

Abb. 6 Eisenach, Jagdschloss Hohe Sonne, Vogelperspektive, um 1740. Die Abbildung zeigt die von Krohne projektierte, jedoch wohl nie vollendete Gesamtanlage.

Abb. 7 Eisenach, erhalten gebliebener Rokokopavillon der Hohen Sonne, um 1890

Wechselbeziehungen zwischen Wartburg und Landschaft

Die Wartburglandschaft steht für weit mehr als das bloße Denkmalumfeld der Wartburg. Die Wartburg liegt eingebettet in einer vermeintlich typischen „deutschen" Mittelgebirgslandschaft. Die Außenansicht der Wartburg ist von Anbeginn an eng mit der sie umgebenden Landschaft verbunden, ja die Landschaft war eventuell sogar der eigentliche Auslöser für den Standort der Burg. Die Einbettung der Burg in diese besondere Landschaft hat über Jahrhunderte dafür gesorgt, dass die Burg nicht vergessen wurde. Burg und Kulturlandschaft bedingen und befruchten sich wechselseitig.

Die Wartburg gehört heute zu den bekanntesten Sehenswürdigkeiten in Deutschland und ist auch und gerade international ein Wahrzeichen und ein Aushängeschild für deutsche und europäische Kultur. Laut Gründungslegende der Wartburg befand sich Ludwig der Springer im Jahre 1067 auf der Jagd und war von der Landschaft und speziell von dem Berg, auf dem sich heute das berühmte Gebäude befindet, derart begeistert, dass er sich entschloss, genau hier eine Burg zu errichten. Sein angeblich spontaner Ausruf: „Wart Berg, du sollst mir ein Schloss [oder eine Burg] werden, hier will ich dich aufbauen lassen" ist bis heute das, was jeder Wartburgbesucher als Erstes zu hören bekommt. Zumindest in der Rezeptionsgeschichte seit dem 18. Jahrhundert glaubte man nur zu gerne, dass dieser Berg, das heißt diese herrliche Landschaft, nur darauf gewartet haben könne mit einer Burg verziert zu werden. Auch dass Ludwig hierbei allen Widrigkeiten trotzte, u. a. erst eigene Erde herangeschafft habe, um sich den im Frankensteinschen Besitz befindlichen Berg anzueignen, passt zu diesem Wunschbild. HIER musste man ganz einfach eine Burg errichten! So heißt es im „Grossen vollständigen Universal-Lexicon aller Wissenschafften und Künste …", herausgegeben von Carl Günther Ludovici im Jahr 1747, unter den Stichworten „Wartburg, Wartberg, auch Wartenburg oder Wartenberg": „ein altes und berühmtes Berg=Schloß in Thüringen, nahe bey der Stadt Eisenach." Zunächst wird die Geschichte des Landgrafen Ludwig auf der Jagd kurzgefasst nacherzählt, der „[…] bey solcher Gelegenheit die schöne Gegend des jetzigen Schlosses Wartburg betrachtet, da ihm denn der felsigte Ort, worauf die Wartburg jetzo stehet, wegen anmuthiger Situation vor andern also gefallen, dass er auch bey sich beschlossen, und gesaget haben soll: Wart, Berg, du solt mir ein Schloß werden, hier will ich dich aufbauen lassen […]" (Ludovici 1747, S. 2310ff). So oder so ähnlich ist die Gründungslegende in verschiedenen Quellen zu finden. Immer jedoch ist in den Darstellungen die Schönheit des Berges und der Landschaft ausschlaggebend für den Bau der Wartburg.

Es existieren unzählige Gemälde, Stiche und andere Darstellungen der Wartburg. Diese zeigen zumeist die Burg aus der Fernsicht, eine Burg in „ihrer" Landschaft. Die Fülle der Bilder und deren Charakter, die knorrigen Eichen auf Felsen mit der Burg im Hintergrund, all dies hat bis in unsere heutige Bilderwelt Nachwirkungen. So beeinflussten die Wartburg bzw. ihre Darstellungen zahlreiche Künstler, so inspirierte allein Heinrich Dölls Dekorationsgemälde „Tal vor der Wartburg", entworfen für die Wagner-Oper „Tannhäuser und der Sängerkrieg auf Wartburg" (diese hat ebenfalls eine eigene Wartburg-Rezeptionsgeschichte) sowohl Schloss Neuschwanstein als auch das Schloss des Prinzen in Walt Disneys „Cinderella" (vgl. u. a. Höllbacher 2010, S. 40).

Als Geschichtsort wird die Wartburg in der verfügbaren Literatur vor dem 17. Jahrhundert häufig erwähnt, wobei noch kein unmittelbarer Bezug zur Landschaft genommen wird. Standen vor dem 17. Jahrhundert die wirkenden Personen (die Heilige Elisabeth, die Thüringer Landgrafen und Luther) im Fokus der Betrachtung, so entwickelt sich im 18. Jahrhundert eine Projektion der Geschichte zunächst auf die Wartburg als Bauwerk. Beispielhaft sei hier die „Historische Erzehlung von dem Hoch=Fürstl. Sächs. Berühmten Berg=Schloß und Festung Wartburg ob Eisenach […]" aus dem Jahr 1710 von Johann Moritz Koch genannt.

Parallel zur allgemeinen „Entdeckung" der Landschaft, der Natur und der Felsen ab der Mitte des 18. Jahrhunderts erweiterte sich das Blickfeld mehr und mehr von der Burg auch auf die sie umgebende Landschaft. Der Verfall der Wartburg war zunächst durch den Wechsel der Herrschaft 1741 und später durch Geldmangel nicht aufzuhalten. Jedoch wurde bereits 1756 von der Weimarer Regierung erkannt, dass es sich bei der Wartburg um ein „Denkmal des Altertums" handele, welches wert sei „fernerhin conserviert" zu werden. Erst in der Regierungszeit von Carl August (1775 – 1828) verbesserte sich die finanzielle Situation (vgl. Albrecht 1986). Umso mehr fand in der zweiten Hälfte des 18. Jahrhunderts die Sicht von der Wartburg auf die Landschaft Beachtung.

Das Vergnügen und das Schöne – Jagdlandschaft und erster Waldpark

1777 war Goethe erstmalig auf der Wartburg zu Gast und zeigte sich sehr beeindruckt von der die Wartburg umgebenden Szenerie, nicht von jedoch der Burg selbst. Er schrieb am 13. September 1777 von der Wartburg an Charlotte von Stein: „In Wilhelmsthal ist mirs zu tief und zu eng, und ich darf doch noch in der Kühle und Nässe nicht in die Wälder die ersten Tage. Hieroben! Wenn ich Ihnen nur diesen Blick der mich nur kostet aufzustehn vom Stuhl hinüberseegnen könnte. In dem grausen linden Dämmer des Monds die tiefen Gründe, Wiesgen, Büsche, Wälder und Waldblösen, die Felsen Abgänge davor, und hinten die Wände, und wie der Schatten des Schlossbergs und Schlosses unten alles finster hält und drüben an den sachten Wänden sich noch anfasst wie die nackten Felsspizen im Monde röthen und die lieblichen Auen und Thäler ferner hinunter, und das weite Thüringen hinterwärts im Dämmer sich dem Himmel mischt." (Petersen 1907, Brief 186) Albrecht (1986) fasst diese ersten Eindrücke Goethes so zusammen: „Dass solch Glücksempfinden allein aus intensivem Naturerleben und überhaupt nicht aus einer – jedenfalls unregistriert bleibenden – Beeindruckung durch die Wartburg selbst oder ihre große Vergangenheit resultiert, ist angesichts des damaligen Zustandes der Burganlage nicht weiter verwunderlich."

Auch in der immer stärker aufkommenden Reiseliteratur huldigte man der Wartburglandschaft: „Die Lage der Stadt Eisenach selbst, ist die schönste, die sich die Phantasie denken kann, und von den Gipfeln der Berge zu deren Füßen sie liegt, öffnen sich Aussichten über Thäler und Gebirgsketten, an welchen sich das Auge nie sättigt. Einer dieser Berge auf dem die Wartburg steht, ist des Andenkens an die verflossenen Jahrhunderte wegen vor allen Gebirgen des Thüringer Walds der merkwürdigste. […] Man zeigt noch auf dem Schlosse, das aller Sorgfalt ungeachtet, immer mehr verfällt, und bald nur ein großer Trümmer sein wird […]" (Crusius 1788, S. 60 ff.). An dieser Stelle schließt sich der Kreis zu Landgraf Ludwig. Auch Goethe, dem immer wieder eine Schlüsselrolle zur Wiedererweckung der Wartburg zugesprochen wird, nahm – wie bereits an anderer Stelle dargestellt – zunächst Bezug auf die Landschaft. Entscheidend war für ihn die Burg in der Landschaft. Gleiches galt auch noch rund 30 Jahre später. So beschrieb im Jahr 1806 der Botaniker und Eisenacher Hofgärtner Friedrich Gottlieb Dietrich: „Schönere und mannigfaltigere Aussichten wird man nicht oft antreffen, als die Wartburg hat. Der Schauplatz ist überaus groß und herrlich, der Prospect reizend und gleichsam eine Quelle von vielfältigen Abwechslungen über die gebirgigte Gegend des Landes, so weit das Auge reicht [….] Gegen Nordosten erstreckt sich der Prospect über das Eisenacher Thal, das eine Reihe anmuthiger Scenen darstellt und gen Nordwesten nach dem schönen Dorfe Städtfeld in einer Ebene sich ausbreitet. Die Stadt Eisenach liegt gen Nordost und gewährt einen reizenden Anblick. Ueberdies machen auch die fruchtbaren Felder, welche über die sanften Anhöhen gegen Norden hinziehen, mit den Waldbergen gegen Süden und Westen einen angenehmen Contrast." (Dietrich 1806, S. 9 f.)

Dieser direkte Landschaftsbezug war auch noch beim Wartburgfest 1817 gültig. Erst mit dem Wiederaufbau der Burg in der zweiten Hälfte des 19. Jahrhunderts als ein nationales (romantisches) Monument tratt die Wartburg scheinbar in den Vordergrund der Wahrnehmung. Parallel wurde jedoch die gesamte Landschaft erschlossen und als mythische „deutsche" Landschaft überhöht. Hierzu trugen nicht nur die konkreten Maßnahmen zur Erschließung und Verschönerung von Forstrat König und seiner Nachfolger, Hofgärtner Jäger etc. bei. Auch Dichter, Schriftsteller und Komponisten waren daran beteiligt. Der Sachse Richard Wagner wurde 1842 durch die Wartburg so inspiriert, dass er sie zum Schauplatz seiner Interpretation des Tannhäuser-Stoffes machte. Der im 19. Jahrhundert bekannte Pfälzer Unterhaltungsschriftsteller August Becker zog 1868 nach Eisenach und widmete der Umgegend der Wartburg die Erzählung „Auf Waldwegen" (1881) sowie den Roman „Eleonore" (1884). Er folgte dem bereits 1863 nach Eisenach und 1868 in seine eigene Villa (das heutige Reuter-Wagner-Museum) an den Fuß der Wartburg gezogenen, aber viel berühmteren niederdeutschen Schriftsteller Fritz Reuter, einem ehemaligen Jenenser Burschenschafter (!). Die Aura und Schönheit der Wartburglandschaft zog im Anschluss noch viele Wohlhabende in die neuen Villenkolonien von Predigerhöhe, Marienhöhe, Karthäuserhöhe und Mariental.

Geschichte, Dichtung und Restaurierung der Burg sowie die parallele künstlerische Ausgestaltung und Interpretation der Natur- und Kulturlandschaft zwischen Eisenach und Wilhelmsthal befruchteten sich gegenseitig und verfestigten sich so zum Waldpark rund um die Wartburg, einem Konstrukt, welches zugleich Handlungsort und Projektionsfläche konzentrierter deutscher und europäischer Geschichte ist.

Die Anfänge des Waldparks zwischen Wilhelmsthal und der Wartburg um 1800

Herzog Carl August von Sachsen-Weimar-Eisenach fand seinen Zugang zu Wilhelmsthal und damit zur Wartburgumgebung ebenfalls über die dortigen Jagdgründe. Bei seinen regelmäßigen Jagdaufenthalten ab 1777 lernte er Wilhelmsthal und die Gegend um Eisenach mehr und mehr schätzen. In den folgenden Jahren wurde der Waldbereich nördlich von Wilhelmsthal bis zum Rennsteig zu einem Waldpark umgestaltet. Darüber hinaus wurden erste Verknüpfungen nach Eisenach und zur Wartburg geschaffen sowie erste ästhetisch motivierte Umgestaltungen in der Wartburgumgebung vorgenommen.

Das Vergnügen und das Schöne – Jagdlandschaft und erster Waldpark

Für das Neue in der gesamten landschaftlichen Gartenkunst des 18. Jahrhunderts steht der Fels[4] wie kaum ein anderes Gartenelement. Die einst nahezu ausschließlich bedrohliche Natur wurde nicht mehr ausgesperrt oder streng eingerahmt präsentiert. Ganz im Gegenteil: Das Erhabene der Natur wurde nun auch im Garten inszeniert. Großartige Felsen überwältigen und erhöhen den Betrachter. Insbesondere das Alpenzitat rückte in das Zentrum der neuen Ästhetik. Der Fels steht für den Berg, für das Hochgebirge als neuentdeckter Naturerfahrungsraum. Vor allem Schweizer Naturszenen haben die Gestalter nachhaltig beeinflusst und inspiriert. Man setzte auf Assoziationen durch z.B. nach Schweizer Vorbild gestaltete Parkpartien. Es wurde in diesem Zusammenhang häufig *nicht* die heimische Landschaft in Szene gesetzt. Gestaltung und Bezeichnung verwiesen oft auf weit entfernte Landschaftsbilder, die im Gartenzusammenhang bequem, ohne Reisestrapazen und mit wohl dosiertem Schrecken wahrgenommen werden und als authentisch empfunden werden konnten (vgl. hierzu ausführlich Trotha 1999, S. 91 ff.).

Markante Felstäler und auch einzeln stehende Felsgruppen spielten bei der ästhetischen Rezeption der Wartburgumgebung von Anfang an eine wesentliche Rolle. Zwei der bekanntesten Felsen sind „Mönch und Nonne" nördlich des Metilsteins. Die an zwei Menschen erinnernde Form gab Anlass für die folgende Sage: „Das gemeine Volk glaubte vorzeiten, (und glaubt vielleicht noch) diese zwey Steine seyen ein Mönch und eine Nonne gewesen, die aus wechselseitiger Liebe dem Kloster entsprungen und sich auf diesen Berg geflüchtet, daselbst aber, zur Strafe ihres Verbrechens und andern ihres gleichen zum abscheulichen Exempel, in dem Augenblicke, da sie sich umarmen wollen, in Stein verwandelt worden seyen", schrieb Christoph Martin Wieland 1775 im Vorbericht zu seinem Gedicht: „Sixt und Klärchen oder der Mönch und die Nonne auf dem Mädelstein" (vgl. Anonymus 1795, S. 189). Die ehemals absolut frei stehenden Felsskulpturen, mit der Wartburg im Hintergrund, waren ein beliebtes Zeichenmotiv. So zeichnete Goethe „Mönch und Nonne" mindestens zwei Mal.

Leider sind die beiden „Köpfe" der Felsgestalten vom Zahn der Zeit zerstört worden, so dass die Assoziation „Mönch und Nonne" sich heute nicht mehr sofort einstellt. Auch die Bewaldung rund um den Metilstein verhindert die Wahrnehmung der einst markanten Felsgruppe aus der Distanz.

Eine weitere Felsbildung, die schon Ende des 19. Jahrhunderts oft besucht wurde, war das „Verfluchte Jungfernloch". Die mit dem die Phantasie anregenden Namen versehene Felsformation östlich unterhalb der Eisenacher Burg ist eine wahrscheinlich im Jahr 1744 für den Bergbau künstlich erweiterte Klufthöhle. Auch Goethe besuchte während seines ersten Aufenthaltes auf der Wartburg[5] am 30. September 1777 die schon damals recht berühmte Höhle. Die Bekanntheit geht auf die Volkssage von einer verfluchten Jungfer zurück, die sich dort alle sieben Jahre zeigen sollte. Die Sage wurde vor allem in der zweiten Hälfte des 18. und im 19. Jahrhundert begierig aufgenommen. Zahlreiche Darstellungen und Beschreibungen wurden veröffentlicht. Ludwig Bechstein und die Gebrüder Grimm nahmen die Sage in ihre Sammlungen auf. Andere Autoren schmückten die Geschichte noch weiter aus (vgl. hierzu ausführlich Weigel 1993b, S. 96–99 und Bechstein 1853, S. 408).

Abb. 9 Eisenach, „Mönch und Nonne bey Eisenach", kolorierter Stich von Kraus, um 1800

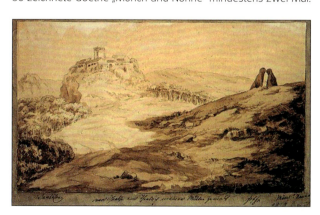

Abb. 8 Eisenach, „Wartburg mit Mönch und Nonne", Zeichnung Goethes, 14.12.1807

Abb. 10 Eisenach, Mönch und Nonne, 2012

Das Vergnügen und das Schöne – Jagdlandschaft und erster Waldpark

Abb. 11   Eisenach, „Das verfluchte Jungfernloch bei Eisenach", um 1800

Ab Mitte der 1790er Jahre wurde endgültig mit der Umgestaltung, d. h. der „Verlandschaftung", der Wilhelmsthaler Anlagen begonnen. De facto gab es ja keine Begrenzung der Wilhelmsthaler Anlagen, auch wenn die Gestaltungsintensität mit zunehmender Entfernung vom Schloss natürlich abnahm. Gerade dies machte und macht auch heute (2014) den Reiz von Wilhelmsthal aus. Der vieldeutige Name kann sowohl die Schlossanlage, die Parkanlage, das Waldtal mit Umgebung oder auch alles zusammen bezeichnen. Hier war ein räumlich „unbegrenzter" Landschaftsgarten möglich wie kaum irgendwo sonst weit und breit. So bezog man ganz selbstverständlich auch die Umgebung in die Neugestaltung mit ein. Es entstand der Waldpark Wilhelmsthal. Neue „Promenadenwege" erschlossen die Landschaft in Richtung Wartburg und Eisenach. Dabei wurden insbesondere auch die markanten Felspartien mit einbezogen, teilweise künstlich erweitert, Stufen in den Fels gehauen, kleine Plätze angelegt, Bänke aufgestellt und sogar Brücken gebaut.

Hierbei war die Annäherung von der Hohen Sonne bzw. vom Hirschstein von besonderer Bedeutung, an verschiedenen Stellen boten sich reizvolle Blicke auf die zentralen Anlagen von Wilhelmsthal. Dietrich (1806, S. 17) beschreibt ausführlich den frühen Waldpark nördlich von Wilhelmsthal: „Schon bey der Hohen Sonne fangen die Spatziergänge an und ziehen sich in gefälligen Wendungen durch den Wald in die inneren Anlagen. Wir folgen zuerst der Landstraße, welche rechts den Berg hinab durch einen Theil der Anlagen sich hinziehet. Einige hundert Schritte unter der Hohen-Sonne ist dicht an der Straße auf einem hohen Felsen ein Geländer angebracht, wo man einen der schönsten Prospecte auf die im Grunde liegenden Gebäude und Anlagen von Wilhelmsthal hat; je weiter man geht, desto mehr verändert sich die Scene. Anfänglich erblickt man nur einige Gebäude zwischen den zierlichen Gruppen der […] Fichten, aber am Ende des Geländers, wo sich ein Fußweg links von der Straße abwendet, stellt sich ein […] gefälliges Schauspiel dar. Wir sehen nämlich die sämtlichen Hauptgebäude und schönen Pflanzungen von Nadelgehölzen vor uns ausgebreitet, nebst einem Theil des Sees in lieblicher Form; ein ziemlich großer, sanft auffsteigender mit schönblühenden Staudengewächsen bepflanzter Hügel, fällt an diesem Standorte trefflich ins Auge. […] Auf mehreren in den Felsen gehauenen Treppen gelangen wir hinauf zu einer aus zwey Eichbäumen bestehenden Brücke, die über einen sehr tiefen Graben und rechts zu der in den Felsen gehauenen Grotte führt. Diese Felsenwand ist, soweit sie über die Erde hervorragt, etwa 300 Fuß lang und bey der Grotte ohngefähr 50 Fuß hoch; ihre natürliche Wölbung wurde vor 4 Jahren [1802] durch Kunst noch mehr erweitert und zu einem bequemeren Aufenthalte gemacht. […] Auf dem Hirschsteine steht auf einem freien Rasenplatze ein Baum unter welchem uns Gartenbänke zur Ruhe einladen, um das prachtvolle Naturtheater auf dieser Höhe noch einmal anzuschauen."

Aber auch die Verbindung von Wilhelmsthal in Richtung Eisenach und Wartburg wurde unter Carl August ästhetisiert. Nach 1800 wurde auch die vormals sehr gefährliche Straße nach Eisenach entsprechend den Vorgaben des herzoglichen Baumeisters Sartorius neu angelegt. 1808 sprengte man z. B. den Felsen an der Karlswand ab, um eine sicherere Fahrt zu ermöglichen. Eine 1809 in die Wand eingelassene Tafel erinnert an diese Baumaßnahme. Die Inschrift enthält ein Chronogramm mit dem Text: „Des VVohLtätigen herrsChers kräftIges VVort gab Dem VVanDerer hIer sIChere Strasse aVs VVVüstem GebVrgen".

Schon vor 1800 begann, wenn auch zunächst zögerlicher und kleinräumlicher als im Bereich nördlich von Wilhelmsthal, die aktive Aneignung und Ausschmückung der unmittelbaren Wartburgumgebung. Gemäß der Inschrift „1791" befindet sich eine Steinbank, die „Herzogsbank", schon seit dem Ende des 18. Jahrhunderts an ihrem Standort südwestlich der Wartburg,

Abb. 12   Eisenach, Herzogsbank aus dem Jahr 1791, 2014. Von hier eröffnet sich ein Blick aus südwestlicher Richtung zur Wartburg.

der heute auch als „Nebe-Blick" bekannt ist. Die Bank wurde im 19. Jahrhundert auch „Kanapee" genannt (vgl. Arnswald/Kiepert 1853, S. 7).

1805 wurde das von Eisenach in Richtung Wilhelmsthal führende „Frauwntal" [Frauental] in „Marienthal" umbenannt[6]. Dies erfolgte zu Ehren der Gemahlin des Erbprinzen Carl Friedrich von Sachsen-Weimar, Maria Pawlowna (geb. Romanowa) und als Erinnerung an deren erste Durchreise am 14. Juni 1805: „Zum Andenken dieses frohen Ereignisses glänzt an der gegenüberstehenden hohen Felsklippe [am Breitengescheid] der Anfangsbuchstabe Ihres höchsten Namens, ein großes M" (Storch 1837, S. 311 f.). Das große, über 7 Meter hohe, in den Felsen gehauene, klassisch-serife „M" versinnbildlicht dieses Ereignis bis heute (2014).

Der Botaniker und Hofgärtner Dietrich beschrieb 1806 das Aussehen des Marientals zu Beginn des 19. Jahrhunderts wie folgt: „Aus dem Carthausgarten gehen wir durch die Vorstadt und gelangen auf die Landstraße, welche uns in angenehmen Krümmungen gegen Süden durch das reizende und allgemein beliebte Marienthal führt. Die Grenzen dieses Thals sind abwechselnd: sie bestehen meist aus steilen Anhöhen und amphitheatrisch aufsteigenden Felsen, welche letztere, entweder nackt oder mit Gebüsch bewachsen sind. Die einzelnen Bäume, welche hie und da an den Felsen hangen, und ihre Wurzeln zwischen die Ritzen derselben einsenken, zeigen sich an manchen Orten auf das Vortheilhafteste und verschönern das Gemälde dieser prachtvollen Gegend ungemein. Wollte man dieses Thal durch Kunst noch etwas verschönern, so könnte der sich durchschlängelnde Bach an schicklichen Stellen in gefälligen Formen erweitert und ausgebreitet werden. Eine solche Anlage würde ohnfehlbar mit den schönen Rasenflächen und sanft aufschwellenden Hügeln einen angenehmen Effect machen, zumal wenn die Idee noch realisiert wird, dass ohngefähr in der Mitte des Thales unter die Großen Felsen ein Monument (Ehrendenkmal) zu stehen kommt." (Dietrich 1806, S. 15)

1862 beschrieb Edouard Humbert für das Marienthal die Weideflächen mit Ziegen und Kühen mit Glocken und er fasst seine Empfindungen in der Frage mit Antwort so zusammen: „Arcadie? – Suisse? – Non; Thuringe." (Humbert 1862) Stellt man sich die damaligen kahlen, steilen Felshänge mit den Weideflächen am Fuße vor, so zeigt sich tatsächlich ein fast alpines Bild mit „Almen" und „Granitalpen".

Rund um den Metilstein (nördlich gegenüber der Wartburg) gestaltete der Eisenacher Kaufmann Roese ab 1792 einen Landschaftsgarten, der noch deutlich sentimental-empfindsame Züge trug: „Gegen Ende des letztverflossenen Jahrhunderts schenkte der Großherzog Carl August den öden und nackten Mädlestein dem Kaufmanne Röse, der mit regem Eifer, keine Kosten scheuend, den wohl hundert Acker haltenden Berg, [...] größtentheils mit Nadelholze anbauen [...]" ließ (Storch 1837, S. 292). In diesem sogenannten Roesschen Hölzchen gab es Tierfiguren, einen „beweglichen Mönch", Felsinschriften, ein Holzgebäude als „Ersatz" für die ehemalige Burganlage und ein vieleckiges Teehäuschen (das „Tempelchen") mit Aussicht ins Tal (vgl. Weigel 1993a, S. 61). Auch Goethe, der die Gegend seit 1777 kannte, wurde auf das Roessche Hölzchen aufmerksam: „Am 22. August 1801 gelangten wir nach Eisenach, begrüßten die Wartburg und den Mädelstein, wo sich manche Erinnerung von 20 Jahren her belebte. Die Anlagen des Kaufmannes Roese waren zu einem neuartigen, unerwarteten Gegenstand indessen herangewachsen." (zit. nach Mähler/Weigel 1985, S. 32) Dieser Berggarten wird in einer zeitgenössischen Darstellung von Dietrich wie folgt beschrieben: „Gehet man zum Predigerthor hinaus und drehet sich rechts, so gelangt man in des Herrn Röses Garten, welcher allgemein unter dem Namen Rösens Hölzchen bekannt ist. Diese Anlage ist meist nach dem neuern Gartengeschmacke geordnet und an Aussichten überaus reich. Man gehet unter schattigen Bäumen und zwischen ziemlich steilen, hie und da über die Laubmassen hervorragenden, zierlich bemoosten Felsen auf die Höhe, und gelangt zu den neuen Anlagen, deren Pflanzungen meist aus Nadelhölzern besteht.

Abb. 13 Eisenach, Inschrift M, 2012. Die große Inschrift im Felsen des Vorderen Breitengescheids wurde 1805 aus Anlass der Umbenennung des Frauentales in Marienthal zu Ehren von Maria Pawlowna in den Felsen gehauen. Seit 2004 ist das „M" auch von der Wartburg aus wieder sichtbar.

Abb. 14 Eisenach, Felsinschrift M, 2013. Das rund 7 Meter (!) hohe, goldene M ist auf die Fernwirkung in westliche Richtung hin konzipiert. Aus der Untersicht vom Talgrund des Marientales wird ein Teil des Buchstabens optisch „abgeschnitten".

Abb. 15 Eisenach, Gedenkstein am Zugang zum ehemaligen Roesschen Hölzchen, 2013. Er trägt die Inschrift: „Dem Schöpfer dieses Bergwaldes Christian Roese 1744–1806".

Die Lerchenbäume (Pinus larix) gedeihen auf diesem Berge vortrefflich, sogar Weymouth=Kiefer (Pinus strobus) zeigt bis daher einen guten Wuchs. Was nun die Aussicht anlangt, so ist der Schauplatz in diesem Berggarten wirklich reizend. Zur rechten Seite erblickt man die Ruinen von dem ehemaligen alten Bergschlosse Mittelstein [Metilstein], die aber vor einigen Jahren vom Besitzer des Mittelsteins, Hrn. Röse, wieder erneuert wurden und mit dem alten Schlosse, wenigstens mit dem dabey gelegenen runden Thurme Aehnlichkeit haben sollen." (Dietrich 1806, S. 7 f.) Dieser Turm und die meisten anderen Zutaten waren jedoch schon recht schnell wieder verschwunden. Einzig das berühmte „Tempelchen" oder „Teehäuschen" mit weiten Aussichten in das Tal der Hörsel (nach Stedtfeld usw.) stand als letzter Überrest des Berggartens bis nach 1945 (vgl. Mähler/Weigel 1985, S. 32). Von der ehemaligen ziergärtnerischen Gestaltung ist heute (2014) oberflächlich nichts mehr vorhanden. Lediglich einige vernachlässigte Wege sowie der Gedenkstein für Roese erinnern an die Vergangenheit des Hölzchens.

Nützlich und schön – Der Waldpark unter Gottlob König und seinen Nachfolgern

Seit dem 1. Drittel des 19. Jahrhunderts wurden in den Wirtschaftswäldern rund um die Wartburg Ästhetik und Forstwirtschaft auf das Engste verknüpft. Hierbei machten sich vor allem die Forsträte Gottlob König und Carl Grebe verdient. Die noch heute (2014) gültige Begründung für die vorgenommene „Waldverschönerung" lieferte Forstrat Grebe schon im Jahr 1858: „Unsere Forste umschließen die altehrwürdige Wartburg, den Lieblingsaufenthalt des Landesfürsten, das Reiseziel von Tausenden aus allen Ländern; in ihnen liegt das liebliche Wilhelmsthal, eine Perle des Thüringer Waldes, die ständige Sommer-Residenz der erhabenen herzoglichen Familie; unsere schönen Eisenacher Berge aber, ebenso reich an romantischen Felsbildungen, grotesken Schluchten und Abstürzen, weiten Fernsichten und traulichen Promenaden, als an historischen Denkwürdigkeiten und Sagen, ziehen den Fremden Wanderer, wie den heimischen Freund der Natur mit unwiderstehlicher Gewalt an und laden zum lohnenden und erquickenden Besuch ein." Deshalb galt an erster Stelle: „In unserem Forsthaushalte [ist] das Nützliche mit dem Schönen zu verbinden und in unseren wirtschaftlichen Operationen [ist] das Ergebnis todter Zahlenberechnung nicht allein entscheiden zu lassen." (Grebe 1858, S. 58)

Ab dem 1. Drittel des 19. Jahrhunderts verlagerte sich der Gestaltungsschwerpunkt vom bereits gestalteten Waldpark Wilhelmsthal südlich des Rennsteiges, der bereits zahlreiche Anknüpfungen in die Wartburgumgebung besaß, endgültig auf das Gebiet nördlich des Thüringer-Wald-Kammes. Am Beginn des 20. Jahrhunderts war der gesamte Bereich zwischen Eisenach, Wartburg im Norden und Wilhelmsthal im Süden zu einem großen, nach ästhetischen Gesichtspunkten gestalteten Waldpark verschmolzen.

Wurden unter Carl Friedrich (reg. 1828–1853) und Maria Pawlowna für die Gartenanlagen und den Waldpark nördlich der Sommerresidenz Wilhelmsthal kaum noch Impulse gesetzt, galt dies jedoch nicht für den Bereich zwischen Eisenach und Wilhelmsthal. In dieser Zeit wurde unter maßgeblicher Beteiligung des Forstwissenschaftlers, Leiters der Ruhlaer/Eisenacher Forstlehranstalt und Mitbegründers der Forstästhetik[7] Gottlob König insbesondere der bisher weniger betrachtete Bereich nördlich des Rennsteiges (zwischen Hoher Sonne und Eisenach) für Besucher erschlossen und unter der Berücksichtigung waldbaulich-ästhetischer Prinzipien behandelt.

Der Begriff „Forstästhetik" wurde vom Forstwissenschaftler Heinrich von Salisch (1846–1920) geprägt. Er verstand darunter „die Lehre von der Schönheit des Wirthschaftswaldes (Salisch 1911, S. 1). Die hierzu grundlegenden Gedanken formulierte Gottlob König bereits in den 1840er Jahren unter den Begriffen „Poesie des Waldbaues" (1844) bzw. „Lieblichkeitspflege der Waldungen" (1849). Die praktische Umsetzung dieser forstästhetischen Ansätze rund um die Wartburg erfolgte im Vorfeld bzw. parallel zu dessen Theoriebildung in Königs Lehrforsten Eisenach, Ruhla und Wilhelmsthal schon ab Beginn des 19. Jahrhunderts. Im Nachfolgenden werden Königs Schönheitsbestrebungen im Waldbau unter dem eingängigen Begriff „Forstästhetik" zusammengefasst, obwohl dieser zu Königs Lebzeiten noch nicht existierte.

Die Forstlehranstalt sowie die Gestaltung der Lehrforste Eisenach, Ruhla und Wilhelmsthal

Der entscheidende Abschnitt für die Gestaltung des Waldparks rund um die Wartburg beginnt mit der Zeit der Forstlehranstalt von Ruhla ab 1805. Diese als Meisterschule gegründete Lehreinrichtung fungierte ab 1813 als höhere Forstlehranstalt und zog 1830 nach Eisenach um. Dort bestand die Lehranstalt bis zu ihrer Auflösung im Jahr 1915.

In der Zeit bis zur Mitte des 19. Jahrhunderts war es zunächst vor allem Gottlob König[8], der für die Gestaltung des Waldes rund um die die Wartburg verantwortlich war. Das Erbe Königs trat nach dessen Tod unmittelbar Carl Grebe an, der auch Königs Schriften posthum veröffentlichte. Grebe war Leiter der Großherzoglich-Sächsischen Forstlehranstalt Eisenach von 1850–1890, gefolgt von Hermann Stötzer 1890–1911. Beide Nachfolger setzten die Arbeit Königs fort und wirkten auch und vor allem rund um die Wartburg. Huldreich Matthes, der letzte Direktor von 1911 bis 1915, konnte keine gestalterischen Spuren mehr hinterlassen.

Die drei Lehrforste der Eisenacher Forstschule befanden sich rund um Eisenach, Wilhelmsthal und Ruhla. Diese repräsentieren den *historischen* Waldpark. Das heutige Denkmalensemble „Waldpark Wartburg" umfasst nur einen, wenn auch den zentralen, Teil dieses historischen Waldparks. Durch verschiedene Veröffentlichungen aus dem Umfeld der Ruhla-Eisenacher Forstschule sind wir über die Entwicklung und Ästhetisierung des Waldparks recht gut informiert. An erster Stelle sei nochmals die 1858 von Carl Grebe veröffentlichte Schrift „Die Lehrforste der Eisenacher Forstschule ..." genannt. Oberstes Ziel der Forstbewirtschaftung von König und Grebe war stets: „das Nützliche mit dem Schönen zu verbinden" (Grebe 1858, S. 58).

Nützlich und schön – Der Waldpark unter Gottlob König und seinen Nachfolgern

Die ersten Ergebnisse dieser Verbindung des Schönen mit dem Nützlichen waren schon um 1830 deutlich spürbar. Hierzu notierte ein Zeitzeuge: „Vom Glöckner bis zur Hohen Sonne bemerkt man überall eine weise ordnende Hand, die nicht nur durch reiche Anpflanzung wohltätig für die Nachkommen sorgte, sondern auch durch zweckmäßige Verschönerung die Reize der Natur hervorzuheben suchte. Man glaubt einen Park zu durchwandern." (zit. nach Schwartz 2010, S. 47)

Bemerkenswert ist die Tatsache, dass die unmittelbare Umgebung der Wartburg und von Wilhelmsthal, das heißt die dortigen Waldrandbereiche, ausschließlich nach ästhetischen Gesichtspunkten behandelt wurden und von der Forstnutzung vollständig ausgenommen waren: „In diesen Flächenzahlen [der Lehrforste Eisenach, Wilhelmsthal und Ruhla] sind jedoch die von dem forstmäßigen Betriebe ganz ausgeschlossenen, nur nach ästhetischen Rücksichten zu behandelnden Waldpartien in der nächsten Umgebung der Wartburg und von Wilhelmsthal nicht mit inbegriffen." (Grebe 1858, S. 1) Allein rund um die Wartburg waren dies „rund 25 ha parkähnlicher Wald". Dieser wurde 1921 per Vertrag mit dem abgedankten Großherzog, neben den Bauwerken der Wartburg und dem 28 km langen Rohrnetz der 1887 geschaffenen Wartburg-Wasserversorgung, an die öffentlich-rechtliche Wartburg-Stiftung übertragen (Schuchardt 2001, S. 135). Die gesamte übrige Fläche der drei Lehrforste Eisenach, Wilhelmsthal und Ruhla wurde vom Beginn des 19. Jahrhunderts bis zum Ersten Weltkrieg nach waldbaulichen *und* forstästhetischen Gesichtspunkten behandelt.

Grebe beschrieb die bereits von seinem Vorgänger König vorgenommenen Maßnahmen diese Landschaft zu erschließen und zu gestalten: „Um so größer war die Aufforderung und umso lohnender die Aufgabe unsere schönen, oft wildgrottesken Täler und Schluchten zugänglich zu machen – Annathal, Landgrafenschlucht, Johannisthal, Buchengrotte; – anmutig geschlängelte, schattig erhaltene Promenadenwege in die schönen Waldpartien, in die malerischen Felsgruppen, über lohnende Fernsichten zu führen – die Promenaden um Eisenach, Wilhelmsthal und Ruhla, nach dem Wachstein, Drachenstein, Hirschstein, nach der Teufelskanzel, der Sängerstieg, in die Silbergräben nach der Eliashöhle, und viele andere; – mittels geeigneter Durchhiebe malerische Effekte zu erzeugen – Durchhiebe nach der Wartburg von der hohen Sonne, vom Hirschstein, vom Schönberg, von der Elisabethenstraße aus, nach Wilhelmsthal von der Nürnberger Str. aus ec.;– überall an solchen Punkten einladende Ruheplätze anzulegen – Drachenstein, Wachstein, Hirschstein, Königstein, Weidmannsruhe, Hollunder ec.;– die mannichfachen Naturschönheiten durch sinnig angebrachte kleinere und größere Baumgruppen, durch kleinere Teiche, Wasserfälle zu heben, alles Unschöne (Steinbrüche, Halden ec.) zu verdecken (Marienthal), hässliche Kahlhiebe zu vermeiden, und vor allem die ehrwürdigen Baumriesen, die Zeugen längst vergangener Jahrhunderte, und die malerischen Baumgruppen an den Felsen, woran die Natur mühsam Jahrhunderte gebaut hat, sorgfältig zu conserviren und schnödem Eigennutz nicht zum Opfer zu bringen; – daneben aber auch das Auge des eigentlichen Forstmannes durch wohlgelungene Verjüngungen, durch hoffnungsvolle Culturen, durch belehrende Versuche mit exotischen Holzarten und seltneren Anbau-Methoden (Strahlenpflanzung ec.) durch Bewahrung und Verschönerung der Waldmäntel u. dgl. m. möglichst zu erfreuen." (Grebe 1858, S. 58f.) Nach Grebe wurden all diese Maßnahmen bereits unter seinem Vorgänger König ins Werk gesetzt: „Mit dankbarer Verehrung blicken wir in all diesen Beziehungen [d.h. der Waldverschönerung] auf die mit meisterhaftem Scharfblick durchgeführten Verschönerungsanlagen unseres Meisters und Lehrers König; er hat sich damit das schönste, unvergängliche Denkmal gesetzt, der gegenwärtigen Generation aber den Weg gebahnt und das herrlichste Vorbild zu Nachahmung hinterlassen!" (Grebe 1858, S. 59)

Die von König selbst, oft unter Mithilfe seiner Schüler, durchgeführten bzw. angeleiteten konkreten Maßnahmen rund um Eisenach schlugen sich auch in seinen Aufgabenstellungen nieder. So heißt es beispielsweise in seinem Lehrbuch „Die Forstmathematik [...]": „Aufgabe: Die Buchenwaldungen bei Eisenach, in Umwandlung begriffene Mittelwälder, ertragen auf dem weimarischen Acker im Durchschnitt etwa 42 weim. K.[ubik] Fuß jährlich; wie viel würde das betragen auf dem preußischen Morgen in preuß. K.[ubik] Fuß?" (König 1846, S. 79)

Obwohl König in seinen Werken nur relativ selten unmittelbaren Bezug auf sein Wirken in den Wäldern rund um die Wartburg nimmt, ist sein forstästhetisches Wirken durch seine allgemein-theoretischen Schriften, die Beschreibungen seiner Nachfolger und vor allem durch seinen Nachruhm belegt. Zu den allgemeinen Prinzipien der Forstästhetik äußerte er sich 1844 unter dem Titel „Poesie des Waldbaues" im „Forstlichen Cotta Album" (S. 139 – 141) und etwas ausführlicher 1849 in seinem Werk „Die Waldpflege aus der Natur [...]" im Kapitel „Lieblichkeitspflege der Waldungen" (S. 300 – 303)[9].

Der Ziergarten am Metilstein, das sogenannte Roessche Hölzchen, war nach dem Tod seines Schöpfers, Christian Friedrich Roese, im Jahr 1806 zunehmend verfallen (zur Vorgeschichte siehe vorangegangenen Abschnitt). Nach Eröffnung der Forstlehranstalt in Eisenach unter Gottlob König im Jahr 1830 wandte sich dieser dem Roesschen Hölzchen zu und verwandelte es so gewissermaßen in eine „Versuchsanlage" der Lehreinrichtung: „Er betrachtete dasselbe als eine Art forstlicher Versuchsstation im Kleinen, sowie als forstbotanischen Garten der Anstalt. In ihm waren fast alle in deutschen Wäldern vorkommenden Holzarten vertreten. Hier ließ König kleine Versuche mit diesen und mit den verschiedenen Saat- und Pflanzmethoden anstellen, hierher führte er auf forstlichen Exkursionen die Forsteleven seiner Anstalt, ihnen und den jungen Forstleuten des Großherzogthums, welche sich freiwillig anschlossen, aus dem reichen Schatz seines Wissens und seiner Erfahrungen Belehrung zu theil werden lassend und ihnen bei dieser Gelegenheit die Direktiven auseinander setzend, nach welchen ein solch interessanter Waldabschnitt jetzt und in der Zukunft zu bewirthschaften wäre." (August Röse 1897, zit. nach Mähler/Weigel 1985, S. 32) Ferdinand Senft (1865, S. 27) beschrieb die vorkommenden Gehölzarten des Roesschen Hölzchens: „Am interessantesten unter diesen Nadelholzpflanzungen ist noch das sogenannte Roessche Hölzchen. In ihm erscheinen im traulichen Vereine mit der gemeinen Fichte und Edeltanne (Abies pectinata) mehrere amerikanische Nadelholzarten, so die Balsamtanne (Ab. balsamea), die Schierlingstanne (Ab. canadensis), die Schwarz- und Weißfichte (Ab. Nigra und alba) und die Weimuthskiefer (Pinus Strobus). Ja selbst zwei prächtige Exemplare der Zürbelkiefer (Pinus Cembra) [...] gedeihen in diesem Hölzchen ganz gut, und die ebenfalls den Alpen entstammenden Zwergkiefern (Pinus Pumilo) [...]." Mit dieser Pracht war es jedoch schnell vorbei. Ab 1849, Königs Todesjahr, wurde nicht mehr gepflegt. Starke Stürme in den Jahren 1868 und 1876 zerstörten über 500 Bäume, so dass der Wald heute (2014) kaum noch Spuren von Roeses Garten oder Königs Versuchspflanzungen aufzuweisen hat. Ähnlich erging es dem zweiten Lehrgarten Königs im Gebiet, im Haintal unterhalb der Kniebreche.

Aber auch indirekt wirkte König auf die Gestaltung der Umwelt ein. Einer der wichtigsten deutschen Gartenkünstler des 19. Jahrhunderts, Eduard Petzold, war zu Beginn seiner Laufbahn (ab 1838) in der Eisenacher Gegend tätig. In dieser Zeit begleitete er König des Öfteren auf seine Exkursionen und wurde durch diesen wesentlich angeregt und beeinflusst, was er auch in seinen „Lebenserinnerungen" zu würdigen wußte (vgl. Schwartz 2010, S. 271).

Die Idee eines großen, durch Kunst veredelten „Wildgartens" zwischen Wartburg und Wilhelmsthal hatte auch Fürst von Pückler-Muskau 1846 dem damaligen Erbgroßherzog Carl Alexander vermittelt: „Es wäre daher auch kein Thal des Gebirges so passend zu einer der großartigsten Anlagen der Landschaftsgärtnerei zu benützen als diese Gegend. Nichts leichter für die Besitzer als hier auf ihrem eigenthümlichen Gebiet einen Wildgarten von sechzehn bis zwanzig Stunden Umfang mit einigen tausend Stücken Wild anzulegen, mit einziger Ausnahme von Meer und Schneebergen, alle übrigen Elemente der schönsten Landschaft vereinigt, als: durchaus fruchtbaren Boden, Wald und Baumgruppen in jeder Nuance, See und Waldbäche, Felsen, Berge und Hügel aller Formen, und blumige üppige Wiesen. Dazu denke man sich an Hauptgebäuden: in der Mitte des Ganzen die Hohe Sonne [...]; auf der nördlichen Seite die stolze Wartburg völlig restauriert, nebst den Ruinen zweier uralter Raubschlösser im nahen Wald als Zugabe; und am südlichen Ende Wilhelmsthal am See, [...] Wenigstens bin ich fest überzeugt, daß Se. k. Hoheit sich dann würde rühmen können den schönsten und merkwürdigsten Besitz dieser Art in Deutschland, wo nicht Europa geschaffen zu haben [...]" (Pückler 1846, S. 1489).

Mit dem Konzept „Wildpark" hätte Fürst Pückler direkt an die überlebte Tradition der Jagdgehege aus der ersten Hälfte des 18. Jahrhunderts angeknüpft. Während Pückler offenbar bei seinem „Wildpark" an einen riesigen Landschaftsgarten mit Wildbesatz dachte, übersah er, wie weit der forstästhetisch gestaltete Waldpark schon 1846 gediehen war, der jedoch nicht von einem Gartenkünstler wie Pückler, sondern von einem Forstästheten, Gottlob König begründet wurde und im Gegensatz zu Pücklers eigenem Park in Muskau nicht nur schön und (zu) teuer[10], sondern auch nützlich, d.h. gewinnabwerfend war.

Maria Pawlowna beschrieb ihre Begeisterung über die Leistungen Königs in ihrem Tagebuch wie folgt: „Es ist hauptsächlich den Mühen des geschickten Forstmannes Königs zu danken, dass das Land so schön [ist] und für die Zukunft wie für die Gegenwart so befriedigende Ergebnisse aufzuweisen hat." Auch Zar Nikolaus I., der „den Weg von Eisenach über Wilhelmsthal nach Marksuhl zurücklegte, [sei] aufs äußerste entzückt gewesen von der Schönheit unserer Forste und unserer Wälder." (zit. nach Schwartz 2010, S. 273)

Die forstästhetische Waldbehandlung rund um die Wartburg – ein Denkmal der Forstgeschichte

Das Erscheinungsbild des heutigen Waldparks wurde im 19. Jahrhundert und damit bei forstlichen Maßnahmen natürlich bis heute wesentlich von Forstrat König und seinen Nachfolgern geprägt. So notiert Schwerdt (1864 S. 541 f.), dass „Eisenachs Umgend" Oberforstrat König „einen großen Theil der reizenden Anlagen und Wege verdankt, die sich wie ein künstliches Netz durch den grossartigen Naturpark verzweigt." Die besondere Leistung dieser Gestaltung ist der bestrebte Einklang von forstwirtschaftlichen Notwendigkeiten verbunden mit einem hohen landschaftsästhetischen und gestalterischen Anspruch. Das Erbe Königs trat nach dessen Tod unmittelbar Carl Grebe an, der auch nach Königs Tod dessen Schriften veröffentlichte.

Forstrat Gottlob König widmete in seinem 1849 veröffentlichen Buch „Die Waldpflege aus der Natur und Erfahrung neu aufgefasst" ein ganzes, wenn auch recht kurzes Kapitel der „Lieblichkeitspflege der Waldungen" (S. 300 ff). Hierbei übernahm er im einführenden Kapitel „Beweggründe" teilweise wortwörtlich Passagen aus seinem bereits 1844 veröffentlichten Aufsatz „Poesie des Waldbaues". Gottlob König nannte hierin wiederum die Verschönerung als eine wesentliche Aufgabe der Forstwirtschaft: „so darf auch der Forstwirth nicht unterlassen, zur Verschönerung des Landes das Seine zu thun, innerhalb und außerhalb der Forste. [...] Den Forsten selbst gereicht eine solche Lieblichkeit zu vielfältigem Nutzen. Je mehr sie dem Wanderer anmuthigen Naturgenuß darbieten, desto mehr gewinnen sie Freunde, die zu ihrer Erhaltung, als wahre Freunde in der Noth, auftreten werden gegen Alles, was der Wälder Wohl bedroht, und so auch gegen den beklagenswerten Waldfrevel. [...] Wer die hohe Naturschönheit der Wälder hervorhebt, befleißigt sich auch der nützlichen Ordnung und hält sich fern von jenem schädlichen Scheine einer Mißachtung. Und warum sollte der Forstwirth seinen täglichen Aufenthalt nicht verschönern wollen? Auch er besucht den gut gehaltenen, überall aufgeputzten Wald viel lieber. Dieser höhere Beruf weckt und erhöht in ihm erst die rechte Liebe für den Forst, ja für die ganze Natur. Das Schöne, Wohlgeordnete wird ihm zum Bedürfnisse und sein Streben nach dem vollkommneren Waldzustande hat dann noch einen höhern, edlern Zweck, als den der größeren Holzproduktion." (König 1849, S. 300 f.)

Ähnlich seinen bereits formulierten Grundsätzen zur „Poesie des Waldbaues" sind auch die allgemeinen, ästhetisch motivierten waldbaulichen Forderungen Königs aus dem Jahr 1849: Hierbei forderte König wiederum den Einsatz „verschiedener Baumarten und Alter", die „gefällige" Anlage von Schonungen, die Erhaltung von „lachenden Wiesen umkränzt mit malerisch beasteten Baumsäumen." Noch „lieblicher" wäre es nach König, „wenn harmlose Vögel und ein unschädlicher Wildbestand das Ganze mit beleben" würden (König 1849, S. 301).

Im Zusammenhang mit der Verschönerung freier Plätze äußerte sich König zur konkreten Pflanzenverwendung. Er empfahl die Anlage von Einzelbäumen und Baumgruppen mit gestuften Gehölzrändern mit folgenden Bäumen: „Eichen, Ulmen, Buchen, Ahorne, – weniger Eschen und Hainbuchen, ferner Edeltannen, Fichten und Weymouthskiefern, dann aber auch Birken, Akazien [gemeint ist die Gewöhnliche Robinie oder Scheinakazie (Robinia pseudoacacia), der Begriff „Akazie" war für diesen Baum lange allgemein gebräuchlich – Anm. D. R.], Silberpappeln, Lärchen und viele Straucharten, mit ihrer hellgrünen und in verschiedenen Jahreszeiten abweichend gefärbten Belaubung [...] Zum Einzelstande passen vorzüglich Eichen, Linden, Buchen, Ahorne, Ulmen, auch Tannen, Fichten; selbst eingängige Bäume, z. B. gipfeldürre Eichen, oder pinienartige Kiefern vermögen nicht selten den malerischen Effekt bedeutend zu verstärken."

Unter dem „§. 251. Verschönerung der Waldbestände" führte König (1849, S. 302) die diesbezüglichen Grundsätze auf. Hierzu gehören:
- „[...] wüst liegende Plätze, Lücken und Gehänge mit Holzwuchs decken, wenn sie [...] von besuchten Wegen [...] sichtbar sind"
- „Mäntel der Waldbestände [...] geschlossen und begrünt zu erhalten"
- „des Waldes Kronenschluss [ist] vor unwirtschaftlichen Lücken in Acht zu nehmen"
- „alle Aushiebe der Bestände müssen allmählich geschehen"
- „das dem Tode verfallene Holz [ist] zeitig wegzuräumen"
- „seltene, besonders große, herrliche Bäume und Bestände sollte man erhalten, so lange als möglich"
- „auf Berghöhen vollständige Hauben erhalten"
- an „Felspartien die einzelnen Bäume als Zierde lassen"
- „an freien Plätzen schöne selbständige Baumgruppen bilden"
- zu gleichartige Bestände „durch manche anderartige Bäume vorteilhaft" unterbrechen
- „Nadelwald [...] mit Laubholz und [...] Laubwald mit Nadelholz nützlich mischen und heben"
- „geschickte Versuche mit fremden Baumarten [...] für das Auge, wie für die Wissenschaft"

Die oben genannten Prinzipien wurden auch in den drei Lehrforsten Eisenach, Wilhelmsthal und Ruhla angewandt. Dies wurde unter anderem von Carl Grebe (1858, S. 58 ff) bestätigt. Da die Maßnahmen zur „Verschönerung der Waldbestände" keinen statischen, sondern einen – der Natur der Forstwirtschaft entsprechenden – prozesshaften Charakter besitzen, lassen sich viele Maßnahmen keinem konkreten Ort zuordnen.

Im Folgenden werden die zu verortenden gestalterischen Maßnahmen zusammenfassend aufgeführt, die unter direkter Aufsicht Gottlob Königs in den Forsten im Bereich Wartburg/Wilhelmsthal/Ruhla erfolgten (nach Grebe 1858, wenn nicht anders vermerkt):
- Erschließung von Tälern und Schluchten: Annatal, Drachenschlucht, Landgrafenschlucht, Johannistal, Buchengrotte
- Herstellung von Promenadenwegen um Eisenach, Wilhelmsthal und Ruhla, u. a. zum Wachstein, Drachenstein, Hirschstein, zur Teufelskanzel, der Sängerweg, in die Silbergräben, zur Eliashöhle

- Schaffung von „Durchhieben" (Sichtschneisen) zur Wartburg: von der Hohen Sonne, vom Hirschstein, vom Schönberg, von der Elisabethenstraße; nach Wilhelmsthal, von der Nürnberger Straße (heutige B 19); in die Rhön vom Glöckner im Ruhlaer Revier, um 1812 (vgl. Schwartz 2010, S. 48)
- Anlage von Spazierwegen und „Ruheplätzen": u.a. am Drachenstein, Wachstein, Hirschstein, Königstein, Waidmannsruhe, Hollunder, an der Weinstraße etc.
- Durchführung von Versuchen mit exotischen Holzarten
- Anlage eines Forstlehrgartens im Haintal (unterhalb der „Kniebreche")
- Lehrpflanzungen am Metilstein im Roesschen Hölzchen (ab 1830)
- Experimente mit seltenen Anbaumethoden, z.B. der Fichten-Strahlenpflanzung am Stern zwischen Sängerwiese und Elfengrotte (wurde um 1833[11] angelegt)
- Anlage des „Jubelhains" (Wortschöpfung König) im Ruhlaer Revier am 30. September 1825: In der Nähe des heutigen Carl-Alexander-Turms erfolgte zum 50-jährigen Regierungsjubiläum von Carl August von Sachsen-Weimar-Eisenach eine Pflanzung von Eichen in Form der Initialen „C.A." und der Jahreszahl „1825" (vgl. Schwartz 2010, S. 270).
- erste Gestaltung des Marientals um 1830
- Aufforstung des Wartberges (vgl. Schwartz 2010, S. 272)
- „Verschönerungen" durch Baumgruppen, kleine Teiche, Wasserfälle (z.B. am Beginn der Drachenschlucht)
- Verdeckung von Steinbrüchen, Halden (z.B. im Mariental)
- Konservierung von „Baumriesen" und malerischen Baumgruppen an Felspartien
- Verschönerung der Waldmäntel
- Vermeidung von Kahlhieben

Wesentlich für diese gestalterischen Maßnahmen ist, dass die eigentliche Forstwirtschaft unabhängig von diesen allgemeinen Gestaltungsprinzipien durchgeführt wurde, die Auswahl der konkreten Baumarten, Schlagreife etc. richtete sich allein nach forstlich-praktischen und wirtschaftlichen Maßgaben!

Im Jahr 1858 zeigte sich das folgende konkrete Bild: 60% der Fläche der Eisenacher Forste, fast 70 % der Wilhelmsthaler Forste und 56 % der Ruhlaer Forste bestanden aus Laubholz. Von diesen Laubhölzern waren zwischen 50 und 64 % Althölzer vor allem 120- bis über 200-jährige Buchen, die noch aus der Zeit der Mittelwaldwirtschaft stammten, untermischt mit einigen Eichen, Hainbuchen und Ahornen. Zwischen 20 und 35 % betrug der Anteil der Stangenhölzer oder Aufwüchse an der Laubholzbestockung, wiederum fast ausschließlich Buchen. Die Nadelhölzer wurden im größeren Umfang erst seit etwa 1830 angebaut, beanspruchten aber 1858 schon bedeutende Flächen: im Eisenacher Forst rund 39 %; 30 % der Wilhelmsthaler Wälder und ca. 40 % der Ruhlaer Forstfläche. Dementsprechend waren in allen drei Revieren nur 1,5 bis 4 % der Nadelhölzer älter als 60 Jahre. Neben der dominierenden Fichte wurden vor allem auf Felsrücken auch Kiefern und Lärchen angepflanzt (vgl. hierzu ausführlich Grebe 1858, S. 18 ff.).

Geplant waren 1858 für die Zeit nach dem vollständigen Waldumbau folgende Bestände: Buchenhochwald 41 % im Eisenacher Forst, 58% in Wilhelmsthal und 42 % in Ruhla. Buchenmittelwald sollte nur noch mit 4,5 % im Ruhlaer Forst vorkommen. Nadelwald sollte mit 58 % bzw. 53,5% die Forste von Eisenach und Ruhla dominieren. Für Wilhelmsthal war ein Nadelholzanteil von 40,6 % vorgesehen. In den Forsten Eisenach und Wilhelmsthal galten 1 bzw. 1,4 % als „untragfähiger Forstgrund" (vgl. Grebe 1858, S. 25).

Bis heute (2014) dominieren im Untersuchungsgebiet trotz der ursprünglichen Vorhaben von König und Grebe die Buchenbestände, denen oft ein Anteil Nadelhölzer (Fichte, Lärche, Kiefer) beigemischt ist. Etwa 20% werden von reinen Nadelholzforsten (Fichten-, Fichten-Kiefern- und teilweise auch Lärchenforsten) eingenommen. Einige wenige Eichen und Buchen-Eichenbestände zeigen noch Merkmale der Mittel- und Niederwaldbewirtschaftung. Relativ naturnah sind die Steilpartien und schwer zugängliche Felspartien bestockt (vgl. Haupt et al. 1990, S. 11).

1959 wurden durch den staatlichen Forstwirtschaftsbetrieb der DDR zwei sogenannte Totalreservate ausgewiesen, in denen jegliche Waldnutzung und Pflege zu unterbleiben hat. Dies ist zum einen das Totalreservat „Viehburg" von 6,27 ha Größe und zum anderen das Reservat „Rinnberge-Steinbächer" mit einer Fläche von 16,32 ha. Weitere u.a. am Sängerstein, am Metilstein, an der Waldbühne und am Drachenstein kamen in den letzten Jahren hinzu.

Die neuen Kunstwege des Waldparks

Natürlich existierten bereits vor der forstästhetischen Begründung des Waldparks im 19. Jahrhundert südlich von Eisenach Wege und Fahrstraßen (vgl. hierzu S. 15).

Der berühmteste alte Weg ist der Kammweg des Thüringer Waldes, der Rennsteig. Er durchquert den heutigen Waldpark Wartburg-Wilhelmsthal in ost-westlicher Richtung bzw. begrenzt das engere Untersuchungsgebiet, d.h. das derzeit eingetragene Kulturdenkmal in südliche Richtung. Die erste urkundliche Er-

Abb. 16 Wanderkarte „Eisenach und seine Umgebung", 1871. Die Karte zeigt den gesamten Waldpark zwischen Wartburg und Wilhelmsthal mit den beschriebenen Spazier- (rot) und Fahrwegen (gelb). Auffällig ist das äußerst dichte Wegenetz. Achtung: Die Karte ist „gesüdet"!

wähnung eines Rennsteigabschnittes erfolgte 1330. Mitte des 17. Jahrhunderts kannte man den Rennsteig von der Werra bis über Neustadt hinaus. Festgelegt wurde die noch heute gültige Wegeführung 1830 durch Julius von Plänckner. Er erwanderte die Strecke Hörschel – Blankenhain. Dieser Verlauf wurde nachfolgend durch Publikationen und Kartografie populär (vgl. u. a. Köllner 1994). Da der Rennsteig in dieser Zeit kaum noch durchgehend wirtschaftlich genutzt wurde, muss die durch Plänckner begründete „Wiederentdeckung" als Wanderweg schon als eine „touristische" Maßnahme begriffen werden, die auch im Zusammenhang mit Romantik und Naturschwärmerei und der Entdeckung des Waldes als Wanderziel zu sehen ist. Insbesondere die dutzenden erhaltenen Ländergrenzsteine (u. a. Herzogtum Sachsen-Meiningen/Großherzogtum Sachsen-Weimar/Großherzogtum Sachsen-Weimar-Eisenach) und zahlreiche andere Grenz- und Markierungssteine sowie Gedenksteine (z. B. Wilde Sau) entlang des Verlaufes im Untersuchungsgebiet sind einzigartige Kleindenkmale und Zeitzeugen.

So wurden die alten vorhandenen Wege wie der Rennsteig, aber auch die Weinstraße, Nürnberger Straße etc., die alten Aufgänge zur Wartburg[12] in das neue Konzept mit einbezogen. Ein ganz entscheidender Schritt war jedoch im Zuge der forstästhetischen Erschließung der Landschaft ab 1830 die Schaffung von neuen Wegen, die sowohl waldbaulichen als auch künstlerischen Prinzipien verpflichtet waren. Der Gartenkünstler Hermann Jäger (1871) würdigte deshalb Gottlob König in erster Linie wegen seiner „Verdienste als Schöpfer der meisten Kunstwege der Umgebung von Eisenach" (Schwerdt/Jäger 1871, S. 106).

Carl Grebe stellte ebenfalls diese Verdienste seines Vorgängers besonders heraus: „Umso größer war die Aufforderung und umso lohnender die Aufgabe unsere schönen, oft wildgrottesken Täler und Schluchten zugänglich zu machen – Annathal, Landgrafenschlucht, Johannisthal, Buchengrotte; – anmuthig geschlängelte, schattig erhaltene Promenadenwege in die schönen Waldpartien, in die malerischen Felsgruppen, über lohnende Fernsichten zu führen – die Promenaden um Eisenach, Wilhelmsthal und Ruhla, nach dem Wachstein, Drachenstein, Hirschstein, nach der Teufelskanzel, der Sängerstieg, in die Silbergräben nach der Eliashöhle, und viele andere […]" (Grebe 1858, S. 58 f.).

Zu welchem Zeitpunkt genau welcher „Kunstweg" angelegt wurde, lässt sich zumeist nur schwer nachvollziehen. Nur vereinzelt ist dies aus den Sekundärquellen zu ermitteln. So wurde ein neuer Weg, der „Sängerweg" (von der Waidmannsruhe zur ebenfalls neuen Steinbank, der „Sängerbank" auf einem nun „Sängerstein" genannten Felsen), aus Anlass des Sängerfestes am 24. August 1847 gebaut. Dies vermerken Arnswald/Kiepert (1853, S. 9): „dieser neuangelegte Fußweg [wurde] durch die von der Wartburg herabziehenden Sänger eingeweiht". Die Sängerbank wurde ebenfalls am 24. August 1847 unter Anwesenheit von Forstrat König enthüllt[13] (vgl. Schwartz 1985, S. 97 bzw. ders. 2010, S. 272).

König formulierte Regeln zur Verschönerung der Waldwege, welche „gefällig gebogen" und mit Ruhepunkten und mit „Durchsichten auf schöne Wald-, Wiesen- und Wasserflächen, nach Felsen und Bauwerken, oder hinaus in malerische Landschaften" ausgestattet sein sollten (vgl. König 1849, S. 301 f.). Diese „Kunstwege" der 1. Hälfte des 19. Jahrhunderts durchziehen als äußerst dichtes Netz bis heute (2014) in ihrem Verlauf nahezu unverändert den Waldpark. Auch an eine teilweise „barrierefreie" Erschließung war bereits gedacht worden: „Die ganze Gegend kann ein großer Naturpark genannt werden, denn die schönsten Punkte sind durch gut geführte und gut gehaltene Kunstwege mit einander verbunden und auch solche, die nicht zu Fuß gehen können oder wollen, können […] auf vielen gut gehaltenen, sichern Wegen die schönsten Partien zu Wagen machen, und vielen anderen so nahe kommen, dass die Fußpartie nur kurz und ohne Anstrengung ist [...] (Jäger in Schwerdt/Jäger 1871, S. 87).

Das Wegenetz ist klar hierarchisch aufgebaut: Es gab (und gibt) breite Fahr- und Wanderwege, die durchgehend auch zum „Fahren mit Chaisen" geeignet waren; mittlere Wege, die größtenteils noch mit Fahrzeugen, z.B. Einspännern genutzt werden können, und reine Fußpfade, die malerische Szenerien erschließen, ohne als Holzabfuhrwege geeignet zu sein. Die Fußpfade sind in Tälern oft mit Stegen (so verlief nahezu der gesamte Weg in der Klamm der Drachenschlucht auf einem Holzsteg über dem Wasser!) oder in Felspartien mit in den Fels geschlagenen Stufen ausgestattet (vgl. hierzu den folgenden Abschnitt zu Felsschluchten und Felsformationen).

1871 waren folgende Wege zum Fahren mit „Chaisen" geeignet: die Weinstraße von Rothehof bis zum Hirschstein, der Rennsteig[14] sowie zwei Auffahrten zur Wartburg vom Predigerplatz den Schloßberg hinauf sowie die Auffahrt südlich oberhalb des Hain- und Helltales entlang des Gaulangers[15]. 1871 wurde diese bequemste, aber längste Fahrstraße auf die Burg durch französische Kriegsgefangene verbreitert, ausgebaut und neu befestigt. Hierbei wurden landschaftliche Prinzipien berücksichtigt, d.h. „Geraden vermieden [...] die schlangenförmigen Linien eines Parkweges gewählt [...] der Wegekörper so angelegt, dass dabei weder Einschnitte noch Dammschüttungen nöthig werden, welche der Landschaftlichkeit Eintracht thun würden" (Vorbericht zur Herstellung des „chauseeähnlichen Communicationsweges", zit. nach Schall 1994, S. 133). Es war offenbar selbstverständlich, im Waldpark auch die Hauptzufahrt zur Wartburg als Parkweg nach landschaftlichen Prinzipien auszubilden.[16]

Die Wege wurden, wenn sie nicht nach alten Flurbezeichnungen oder Funktionen benannt wurden, wie z.B. Schlossbergweg, Steinweg, Dornheckenweg, Burgweg, Schlossbergstern (Wegekreuz), Haingasse, Helltalsweg etc., häufig nach Personen oder Begebenheiten aus der Wartburglandschaftsrezeption benannt bzw. umbenannt, wie z.B. Geheimrat-Helferich-Weg, Reuterweg, Landgrafenstern (Wegekreuz), Landgrafenweg, Sängerweg, Karolinenweg, Marietal, Wichmann-Promenade, Roese-Pfad, Revolutionsweg etc.

Erschließung von Felsschluchten und Felsformationen

Die zahlreichen Schluchten und Felsformationen in der Wartburgumgebung wurden als eigenständige Sehenswürdigkeiten innerhalb der Landschaft im 19. Jahrhundert durch Wege und Stufen erschlossen und, wenn die alten Flurnamen nicht aufregend genug klangen, mit neuen Fantasie-Namen versehen oder auch nach wichtigen Persönlichkeiten benannt. Grebe (1858, S. 58) spricht davon, wie unter Forstrat König Felsen und Schluchten zugänglich gemacht wurden. Er nennt hierbei ausdrücklich „Annathal, Landgrafenschlucht, Johannisthal, Buchengrotte" sowie „Teufelskanzel" und die „Eliashöhle".

Dies steht im engen Zusammenhang mit der Eroberung der Landschaft, der seit der Aufklärung um sich greifenden Wertschätzung des Erhabenen, des Natürlichen, insbesondere Bergen und Felsbildungen. Erstaunlich ist, dass die Fels-Landschaft zumeist so angenommen wurde, wie sie ist, und dass auf ein alpines Umdeuten im Sinne der zahlreichen „Schweizen" weitgehend verzichtet wurde. Auch in der Namensgebung außerhalb der Felsbereiche verzichtete man auf die Ferne und bezog sich auf die Geschichte und Aneignungsgeschichte vor Ort. Dies unterscheidet den Waldpark rund um die Wartburg von den allermeisten Landschaftsgärten der Zeit, die fast immer Bezug auf – teils weit entfernte – Ideallandschaften (Alpen, Italien), exotische Reiseziele (China) und/oder die Antike nahmen.

Die vollständige Erschließung und Bezeichnung (oder Umbenennung) der Felsbildungen trug wesentlich zur Transformation der zwar seit Jahrhunderten genutzten, in Teilen jedoch noch „natürlichen" Landschaft in einen Waldpark bei. Die Namensgebungen bedeuten zugleich Aneignung und Umdeutung bisher „nutzloser", ja bedrohlicher Naturelemente wie enger Felsschluchten und kahler Felsen. Die „Natur" wird so zugleich idealisiert und unter die endgültige Herrschaft des Menschen gestellt. Man änderte einfache Flurbezeichnungen, bisher namenlose Objekte erhielten neue Bezeichnungen. Aus dem engen oberen Steinbachtal wurde zunächst das Annatal, der mittlere Teil später gar zur Drachenschlucht. Ein bisher namenloser Felsvorsprung am Gehauenen Stein wurde 1851 zum Königstein.

Das *Annatal* ist eine schmale wasserführende Schlucht bzw. Talmulde, welche sich vom Marietal (ab Sängerstein/Ausgang Landgrafenschlucht) in südlicher Richtung zur Hohen Sonne hinauf windet. Die Drachenschlucht ist eigentlich nur der mittlere Teil des (heutigen) Annatals. Mittlerweile hat sich jedoch für das gesamte Tal der Name „Drachenschlucht" eingebürgert. Genau am Beginn der eigentlichen Drachenschlucht – bzw. am Ende des historischen Annatals – befindet sich das 1833 in den Fels gehauene „Große A" für Anna, was zur weiteren Verwirrung beiträgt. Das Annatal hieß vor 1833 der „Gehauenesteingraben" oder einfach der „Steinbach" (vgl. Storch 1837, S. 313). Die Umbenennung der „Schlucht, in die ein künstlicher Promenadenweg geführt ist", erfolgte „1833, wo unsere hochverehrte Frau Großherzogin, in Begleitung höchstedero Frau Schwester, der Kronprinzessin der Niederlande Anna, [...], diesen kühlen Ort bei einem heißen Sommertage durchwanderten, ist selbigem, zum ehrenden Andenken dieses Besuchs, der Name Annenthal beigelegt worden und am Ende desselben glänzt daher an der Felswand ein großes A." (Storch 1837, S. 313) Der Weg und damit das Annatal endete also noch 1837 am Beginn der Klamm, der heutigen Drachenschlucht, nämlich am 1833 geschaffenen „Großen A". Storch schrieb hierzu: „Hier beengt sich solches [das Tal] mit einemmal so sehr, daß des Wanderes Schritt gänzlich gehemmt ist." (Storch 1837, S. 313) Das Tal hieß südlich des A wieder der „Gehauensteingraben", oberhalb führte ein „links daran hinziehender schattiger Promenadenweg" in Richtung Hohe Sonne.

Die teilweise äußerst schmale Klamm, die eigentliche Drachenschlucht, wurde erst um das Jahr 1843 zugänglich gemacht, wie

Abb. 17 Eisenach, „Großes A", 2013. Die antikisierende Felsinschrift ziert seit 1833 das südliche Ende des damaligen Annatales und markiert damit gleichzeitig den Beginn der heutigen Drachenschlucht.

Abb. 19 Eisenach, Annatal, 2013. An den Felspartien bilden sich – bei entsprechenden Niederschlägen – temporäre Wasserfälle.

Abb. 18 Eisenach, Die große Letter A, Postkarte, um 1910. Die Situation ähnelt bereits stark der heutigen.

Abb. 20 Eisenach, Drachenschlucht, 2013. Die im Jahr 2012 neu installierten Gitterstege sind unauffällig.

die nachfolgend zitierte Aussage von Arnswald/Kiepert (1853, S. 10) belegt: Die Schlucht, „welcher man den Namen Drachenschlucht gegeben hat, ist durch Überbrückung des durchfließenden Wässerchens […] gangbar gemacht […]. Doch erst seit etwa einem Jahrzehnt, daher man sich zwar nicht wundern darf, in älteren Reisehandbüchern diese Perle […] gar nicht erwähnt zu finden […]". Gottlob König ließ durch „Felssprengungen" die

Abb. 21 Eisenach, Landgrafenschlucht, 2013. An der wilden Romantik der Landgrafenschlucht hat sich seit dem 19. Jahrhundert kaum etwas geändert.

Schlucht erschließen und sorgte wohl auch für die Benennung „Drachenschlucht" (vgl. Schwartz 2010, S. 271). Wahrscheinlich geht auch der künstlich angelegte kleine Wasserfall am nördlichen Beginn der Schlucht auf König zurück, Wasserfälle gehörten ja zu seinem Gestaltungskanon. Von nun an durfte die Drachenschlucht in keinem Reiseführer mehr fehlen, so hieß es z. B. im „Neuesten Reisehandbuch für Thüringen" aus dem Jahr 1864: „Aus einer düsteren Spalte braust ein kleiner Wasserfall. Rechts u. l. führen steile Pfade empor; in der Mitte prangt jenes A, und daneben, kaum bemerkbar, zwängt sich ein schmaler Pfad zur Drachenschlucht hinein, die nur 300 Schritte lang, aber

so originell ist, da [man] eine solche ‚Tyroler Klamm' in Thüringen kaum suchen sollte." (Schwerdt/Ziegler 1864, S. 544) Interessant ist auch die Beschreibung der Flora der Drachenschlucht: „von tauperlenden Moos- und Flechtentapeten überwebte Felsenriesen" werden beschrieben und weiter: „Die Laubmoose bilden gewöhnlich die Grundfarbe, worauf verschiedene Flechten (besonders Lobaria pulmonaria) schmarotzend eingewebt sind. Vom weißen Renntiermoos sind ganze Strecken wie mit Schnee bedeckt. Dazwischen verschiedene Farnkräuter, besonders das immergrüne Engelsüss, wovon ganze Felsen überzogen sind, der prachtvolle rothe Fingerhut, die blaue Waldcyane, das gelbe Alpenveilchen u.v.a." (Schwerdt/Ziegler 1864, S. 545). Auch wenn die weißen Rentiermoose mittlerweile fehlen und sich die Pflanzenzusammensetzung geändert hat, die Drachenschlucht zeigt sich heute (2014) von ihrem Gesamteindruck kaum verändert. Der ehemals hölzerne Steg wurde in den letzten Jahren durch Glasfaserkunststoff-Gitter ersetzt, welche dem Weg durch die Schlucht etwas von seiner Romantik rauben, allerdings haltbarer sein sollen, da der vormalige Knüppelholzweg alle paar Jahre erneuert werden musste.

Eine der weiteren „Hauptattraktionen" – neben der Drachenschlucht – ist seit der Erschließung der schwer zugänglichen Täler in der Gegend von Eisenach die *Landgrafenschlucht*. Hier soll sich 1306 Friedrich der Gebissene[17] versteckt haben, um gegen seinen Vater Landgraf Albrecht den Entarteten auf der Wartburg vorzugehen, da dieser ihm die Erbfolge streitig machen wollte. Zunächst war der Flurname „Wolfslöcher" üblich, er wurde z. B. in einer Urkunde von 1294 verwendet (Storch 1837, S. 297). Im 18. Jahrhundert tauchte dann der Begriff „Landgrafenloch" auf. So notierte Goethe am 7. Oktober 1777 in sein Tagebuch: „Knebel und ich nach dem Landgrafen-Loch. Ich zeichnete den Fels-Weg." (zit. nach: Gräf 1908, S. 9) Gottlob König gebrauchte noch 1814 diesen Namen (vgl. Schwartz 2010, S. 271). Es ist durchaus

Abb. 22 Eisenach, vorderes Breitengescheid (Bildmitte) mit Villen des Marientals (links: Armenruh/Elisabethenruh), um 1890

Abb. 23   Eisenach, Breitengescheid, 2014. Das Breitengescheid zeigt sich von der Wartburg aus fast vollständig bewaldet, nur einige kleinere Partien der Paulinenhöhe sind teilweise frei von Baumbewuchs.

Abb. 24   Eisenach, „Blick a. Breitengescheid u. Marienhöhe", 1905

möglich, dass der Name „Landgrafenschlucht" auf König zurückgeht, denn er ließ später einen „Promenadenweg" durch das Tal anlegen, eine Gelegenheit, die er andernorts, wie z. B. bei der Drachenschlucht, zur Umbenennung benutzte.

Arnswald/Kiepert verwenden 1857 jedenfalls bereits den – bis heute gebräuchlichen – Namen „Landgrafenschlucht" (1857, S. 13). Nachfolgend seien hierzu zwei Beschreibungen des 19. Jahrhunderts zitiert: „Beinahe am Ende des Marienthals ist links das berühmte Landgrafenloch, welches durch die Geschichte merkwürdig geworden ist, weil Landgraf Friedrich mit der gebissenen Wange vor Ersteigung und Einnahme der Wartburg bis zur eintretenden Nacht sich mit seinen Getreuen darin verborgen hielt. Vor dem Ausgange dieser schauerlichen Felsenkluft sind zwei Teichlein zum Tränken des hier weidenden Viehes angelegt. Auch bequeme Spazierwege sind in das wild-romantische Landgrafenloch geleitet, wovon einer auf die Hohesonne und ein anderer auf die Weinstraße führt. Das in dieser Kluft rinnende silberklare Wasser vereinigt sich vor dem Ausgange derselben mit dem Bache im Marienthale." (Storch 1837, S. 312)

Schwerdt beschreibt den Weg durch die Landgrafenschlucht folgendermaßen: „Hier und da hängen umgestürzte Bäume malerisch über der Schlucht. Wenn nicht der Kunstweg und einzelne Ruhebänke [wären], so könnte man sich im Urwalde wähnen. […] so wechseln die Scenen, von der üppigsten Vegetation umgrünt, wenn auch nicht so wunderbar grotesk, wie im Annathal, doch umso harmonischer und malerischer." (Schwerdt/Ziegler 1864, S. 547)

Eine der größten Felsgruppen ist das *Breitengescheid*, welches die östliche Begrenzung des Marientales bildet. Noch um 1900 war der Bergrücken weitgehend unbewaldet und verlieh dem ganzen oberen Marienthal einen „alpinen" Charakter (vgl. Schwerdt/Jäger, 1871, S. 94). Die Bezeichnung der unterschiedlichen Partien des Breitengescheid variiert: Der nördliche (stadtnähere) Teil wird auch als Vorderes Breitengescheids oder Paulinenhöhe[18] bezeichnet. Der gesamte südliche Teil wird Hinteres Breitengescheid genannt. Hierzu gehört auch der Felssporn südlich der Milchkammer, der Rudolfstein (s. auch Bodendenkmal Burg Rudolfstein).

Bei der *Elfengrotte* handelt es sich um eine ca. 11 Meter hohe Felsbildung mit Spalten und Höhlungen in niederschlagsreichen Zeiten rieselt Wasser die Felsen herab. Die romantische Namensgebung „Elfengrotte" scheint erst im 19. Jahrhundert aufgekommen zu sein: „Die im Halbkreis das Thalende umschließenden hohen, moosbewachsenen Felsen hängen fast über, und bilden im Verein mit herrlichen alten Bäumen eine wunderbar schöne Partie, die im Frühling oder nach nasser Witterung noch durch einen über den Felsen stürzenden Wasserfall verschönert und belebt, im Winter durch Eisbildungen zum Theil von gletscherartiger Stärke wahrhaft prachtvoll ist. Diese, den prosaischen Namen Knöpfelsgrotte führende, von einigen Personen Elfengrotte genannte Fels- und Waldpartie ist eines der schönsten Geheimnisse der ganzen Gegend." (Schwerdt/Jäger 1871, S. 115)

Die *Eliashöhle* ist – wie auch die Elfengrotte – eine Felsbildung mit einer Spalthöhle. Nach Grebe (1858, S. 58 f.) wurde die Partie unter König zugänglich gemacht. Der Legende nach soll hier im Mittelalter ein aussätziger Eremit, Elias, gehaust haben, der von der Heiligen Elisabeth gepflegt wurde (vgl. Peters 1914, S. 46). Obwohl der Felsspalt – selbst für einen Eremiten – als Behausung ziemlich ungeeignet ist, verleiht die romantische Namensgebung der gesamten Szenerie einen geheimnisvollen Zauber.

Die *Eisenacher Burg* war eine Burg zur Belagerung der Wartburg im thüringisch-hessischen Erbfolgekrieg (1247 – 1263). Sie befand sich auf einem massiven Felsblock etwa 400 Meter südlich der Wartburg. Der Name der Burg hat sich im Laufe der Zeit auf den gesamten Felsen übertragen. Neben den wenigen noch sichtbaren Burgresten sind vor allem die Felsformationen und steilen Felswän-

Abb. 25 Eisenach, Elfengrotte, um 1910. Zu dieser Zeit gab es dort bereits eine hölzerne Ruhebank.

Abb. 27 Eisenach, Eliashöhle, um 1910

Abb. 26 Eisenach, Elfengrotte, 2013. Der Anblick der Elfengrotte hat sich scheinbar nicht verändert.

Abb. 28 Eisenach, Eliashöhle, um 1914. Die Buche am rechten Bildrand verdeutlicht zum einen, dass der Brauch, sich an romantischen Plätzen in Baumrinde zu verewigen, sehr alt ist; und zum anderen, dass die Partie schon seit Jahrzehnten mit großen Bäumen bestanden war.

de beeindruckend. Ein umlaufender Weg ermöglicht vom Plateau zahlreiche Aussichten. Hierzu notieren Schwerdt/Jäger (1871, S. 95): „Auf der Plattform dieses Felsens, die jetzt kümmerlich mit Schwarzwald bewachsen ist, aber ringsum anziehende und aussichtsreiche Promenadenwege hat, stand einst die Eisenacher Burg."

Von der *Blidenstatt* an der westlichen Seite der Eisenacher Burg wurde im thüringisch-hessischen Erbfolgekrieg die Wartburg mittels einer Blide (Schleuderwaffe) beschossen, hierfür wurde der Felsen bearbeitet.

Der Begriff *Ludwigsklamm* bezieht sich heute zumeist auf die eindrucksvolle Felspartie mit temporärem Wasserfall in einem Seitental des Johannistales, kann aber auch das gesamte Nebental meinen. Der Name Ludwigsklamm scheint erst im 20. Jahrhundert aufgekommen zu sein, Schwerdt/Jäger (1871, S. 109)

Abb. 29 Eisenach, Felswand auf der Südostseite der Eisenacher Burg, 2012. Am Fuße der Felswände führt ein kunstvoll geschlängelter Weg entlang.

Abb. 32 Eisenach, Sängerstein am Beginn des Annatales, 2013

Abb. 30 Eisenach, Blidenstatt, 2013. Der Blick auf die Südseite der Wartburg wird „gerahmt".

Abb. 33 Eisenach, Teufelskanzel, 2013. Die unter König erschlossene Felspartie ist nur für Schwindelfreie geeignet, belohnt jedoch durch eine schöne Aussicht.

Abb. 31 Eisenach, „Triefender Stein" in der Ludwigsklamm, 2013

Abb. 34 Eisenach, sog. Güldene Pforte oberhalb der Knöpfelsteiche, 2013

kennen die Felsformation noch unter dem Namen „Wasserfall, einer interessanten, höchst einsamen grottenartigen Felsengruppe." Sie fügen jedoch zugleich hinzu: „Wasser ist jedoch selten an dieser Stelle zu finden, daher [ist] der Name Wasserfall sehr unberechtigt."

Tatsächlich ist hier nur nach Starkregen oder Schneeschmelze ein Wasserfall zu sehen, fast immer tropft jedoch ein wenig Wasser herab. Korrekter wäre es deshalb, für die Felspartie den alten mittelalterlichen Namen „Triefeningestein" = „Triefender Stein" aus dem Jahr 1329 zu benutzen und das gesamte Tal mit seinen weiteren – auch recht eindrucksvollen – Felsbildungen als Ludwigsklamm zu bezeichnen (vgl. Krauße o.J., S. 26). Ein weiterer alter Name des Tales ist „Dachsbauschlucht" (vgl. Mähler/Weigel 1985, S. 89).

Am nördlichen Einstieg in das Annatal (am Abzweig zur Sängerwiese) befindet sich auf der westlichen Seite der *Sängerstein*, benannt während des Sängerfestes 1847. Zur Erschließung des Felsens wurde eigens durch Gottlob König – zwei Jahre vor seinem Tod – die Anlage des „Sängerweges" und die Aufstellung der „Sängerbank" veranlasst (vgl. Schwartz 1985, S. 97 bzw. 2010, S. 272).

Bereits Arnswald/Kiepert (1853, S. 7) berichten von der „*Teufelskanzel*", einem „Felsvorsprung, dessen durch kein Geländer geschützte Spitze einen schwindelerregenden Blick in die Tiefe gewährt". Nach Grebe (1858, S. 58) wurde der Bereich Teufelskanzel unter Forstrat König erschlossen.

Durch die kleine Felsklamm südlich der Knöpfelsteiche, genannt die „*Güldene Pforte*", soll einst ein historischer Wagenweg geführt haben. Heute ist sie nur fußläufig erschlossen.

Zur Erschließung der Talräume

Nachfolgend werden die wichtigen, eher weiträumigen Täler des Waldparks vorgestellt, Felstäler sind bereits im Kapitel „Felsschluchten und Felsformationen" vorgestellt worden.

Die um 1800 noch kahlen Felsen des Breitengescheids begrenzen das *Mariental*[19] auf der östlichen Seite. Die Hänge dienten als Weideflächen. Die Aufforstung der Hänge und die Ausstaffierung des Tales mit Baumgruppen in der Zeit um 1830 wird Forstrat König zugeschrieben. „Wenn das mit künstlichen Baumgruppen ausgeschmückte, eine halbe Stunde lange anmuthige Marienthal, auf dessen beiden Seiten hohe amphitheatralische Felsenwände sich aufgethürmt haben, worauf im mittleren Zeitalter die Eisenacher-, Frauen-, Rudolphs- und im Hintergrunde auf einer höheren Bergkuppe die Wartburg thront, zurückgelegt ist, erhebt sich der Berg und man kommt in den sogenannten Gehaunenstein [heutige B 19 am südlichen Ende des Marientals]" (Storch 1837, S. 311). Der Bachlauf wird in Storch (1837) als Krimmel- oder Löberbach bezeichnet. Heute (2014) heißt er auch Steinbach.

Hier im Mariental wird auch – ausnahmsweise – der Vergleich mit der Schweiz gesucht: „Wenn die Hälfte des Marienthals, welches an eine Schweizergegend mahnt, erreicht ist, gelangt man zu einem erst im Jahr 1830 neuerbauten Gasthofe, der mehrere Stuben, einen Tanzsaal, eine überbaute Kegelbahn und lebendige Lauben mit Tischen und Bänken enthält, die bei drückender Hitze zu einem kühlen Trunke einladen." (Storch 1837, S. 311) Im Zuge der touristischen Erschließung entstanden im Talgrund des Marientals einige Gebäude: 1830 das Ausflugslokal Phantasie und 1879 die Restauration Sophienaue. Bis vor dem Ersten Weltkrieg entwickelte sich im Mariental noch ein kleines Villenviertel.

Die erste Gestaltung des Marientals unter Forstrat König (um 1830) galt schon in den 1870er Jahren als verwildert. Der Gartenkünstler Eduard Petzold wurde um ein Gutachten gebeten. Über Pläne und evtl. umgesetzte Maßnahmen ist nichts bekannt. 1902 legte der Gartenkünstler Max Bertram einen (bis heute vorhandenen) Umgestaltungsplan vor. Auch hiervon wurde nichts verwirklicht. 1910 konnte allerdings der östlich verlaufende Promenadenweg, die heutige Wichmann-Promenade, durch private Mittel des Villenbesitzers Wichmann in Stand gesetzt werden (vgl. Reiß 2006, S. 124).

Abb. 35   Eisenach, Mariental, um 1840

Abb. 36   Eisenach, „Fritz Reuter Villa in Eisenach", um 1890

Das Mariental endet am Abzweig von der B 19 zum Annatal/ Drachenschlucht und bezeichnet somit den nördlichen, stadtseitigen Teil des gleichen Tales, dessen südlicher Teil als Annatal (bzw. Drachenschlucht) bezeichnet wird. Nach 1945 verfielen und verwilderten die öffentlichen Anlagen im Mariental zusehends. Parkplätze dominieren heute die Talsohle. Unangepasste Neubauten und PKW-Stellflächen entstanden schon in der DDR-Zeit, verstärkt jedoch seit den 1990er Jahren. Hauptproblem ist der starke Verkehr auf der B 19, der vor allem zu einer extremen akustischen Belastung des einst so idyllischen Tales führt.

Die sogenannte *Milchkammer* ist ein östlich oberhalb des Marientals gelegener kleiner Talgrund. Sie befindet sich in einer „amphitheaterähnlichen Situation" zwischen dem Vorderen und dem Hinteren Breitengescheid (Rudolfstein).

Die Milchkammer sowie die Wartburg selbst wurden zum Schauplatz des Thüringer Sängerfestes vom 23. und 24. August 1847 (vgl. ausführlich Weigel 1992, S. 30). Bei der Auswahl spielte die Lage des zentralen Veranstaltungsplatzes zur Wartburg und innerhalb der Naturlandschaft eine entscheidende Rolle: „Eine Stelle, von wo die Wartburg sichtbar [ist] und das Thal ein natürliches Amphitheater mit einem Hintergrunde von steilen Felswänden bildet" (Hofgärtner Hermann Jäger; zit. nach Weigel 1992, S. 30). Der Zug der etwa 1600 Sänger erfolgte vom Marktplatz über das Roessche Hölzchen zur Wartburg und dann über den späteren „Sängerweg" zum Festplatz in der Milchkammer (Weigel 1992, S. 30). Während des Festes wurde auch der Sängerstein am oberen Ende des Marientales benannt. Von diesem übertrug sich der Name im Laufe der Zeit auf die *heutige* Sängerwiese, die aber *nicht* der Schauplatz des historischen Sängerfestes von 1847 war. Die historisch korrekte „Sängerwiese" ist die Milchkammer. Auch später wurde die Milchkammer weiter für Volksfeste etc. genutzt.

Helltal und Haintal befinden sich östlich der Wartburg und stellen die wichtigste landschaftliche Verbindung zwischen der Burg und der Stadt her. Aus dem im Osten am Karthausgarten aufsteigenden Talgrund des Haintals entstehen (nach etwa 500 Metern) durch einen östlichen Ausläufer des Wartberges zwei Täler. Das südliche Tal ist das Helltal, der nördliche Talgrund behält den Namen Haintal.

Nach Dietrich (1806, S. 10) „erwählte" bereits Martin Luther „das Hellthal zu einem seiner Lieblingsorte" während seines Aufenthaltes auf der Wartburg. Die beiden Täler Helltal und Haintal gehören mit Sicherheit zu den am frühesten mit Wegen erschlossenen Partien der Landschaft rund um die Wartburg: „Gehen wir die Wartburg hinab und wenden uns am Fuße des Berges rechts, so führt ein Weg zwischen mehreren Gärten in das Haynthal … der zweyte [führt] aber in verschiedenen Krümmungen um den Wartburger Berg in das Hellthal. Dieses Thal besteht meist aus einem anmuthigen, unter dem Wartburgfelsen liegenden Grasplatze, welcher mit Felsen und dichten Pflanzungen umgeben ist und gegen Osten eine freie Aussicht auf den jenseits des Thales liegenden Carthausgarten hat. Von hier aus gelangen wir auf einem Weg zwischen Gärten und Gebüschen hinab auf die Landstraße nach Franken [heutige B 19], linker Hand aber in die Frauenthorsche Vorstadt." (Dietrich 1806, S. 10) Richard Wagner ließ im „Tannhäuser" seinen Wolfram das „Lied vom Abendstern" im Helltal singen (vgl. Mähler/Weigel 1985, S. 85).

Die heutige Wegeführung durch (bzw. entlang) der beiden Täler zur Wartburg ist so geblieben, wie sie schon 1871 von Schwerdt/Jäger (S. 91) beschrieben wurde. Der eine Weg, der Hain- oder heute Reuterweg, führt an der Reuter-Villa vorbei, unterhalb des Hainsteins (Predigerbergs) entlang. Der andere Fahrweg ist die heutige wie damalige Hauptauffahrt zur Wartburg, die im unteren Teil auf dem Rücken des Gaulangers, südlich des Helltales, verläuft.

Hell- und Haintal dienten über Jahrhunderten als Weideflächen, als Viehtränken fungieren die ehemals vier (heute drei) Hainteiche. Im Haintal ließ Gottlob König um 1830 eine Versuchspflanzung für die Forstlehranstalt anlegen. Der offene Charakter der Täler mit Weideflächen, Wiesen und Streuobstgärten blieb bis weit in das 20. Jahrhundert, im unteren Bereich teilweise bis heute, erhalten. Verschiedene Restriktionen, insbesondere die sogenannte Blaue Linie, eine Baugrenze, verhinderten ab dem Ende des 19. Jahrhunderts, dass die Villenbebauung zu nah gegen die Wartburg vorrückte. Bauwerke blieben auf den Rücken des Gaulangers südlich der Wartburgauffahrt sowie den Bereich des Hainsteins beschränkt. Die eigentlichen Talgründe blieben frei von Bebauung und konnten vor den Begehrlichkeiten von Bauspekulanten geschützt werden (vgl. ausführlich Reiß 2006, S. 48ff). Markantestes Gebäude mit Wirkung in den Talraum hinein ist bis in die Gegenwart das Reuter-Wagner-Museum, eine 1866–1868 für den Dichter Fritz Reuter errichtete Villa.

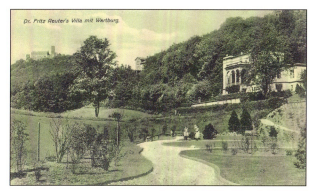

Abb. 37 Eisenach, unterer Teil des Haintales mit Reuter-Villa und dem – um 1900 auf dem vormaligen Gelände des untersten Teichs angelegten – Ziergarten, um 1905

Dass für einen landschaftlichen Waldpark andere Gesetze als für einen Stadtpark gelten, beweist die Tatsache, dass die – durch den Verschönerungsverein um 1900 vorgenommene – Zuschüttung des untersten Hainteiches und dortige Anlage eines repräsentativen Ziergartens[20] bei dem Gartenarchitekten und kritischen Publizisten Carl Heike nicht auf Gegenliebe stieß. Ihm fehlte die „landschaftliche Schönheit, die den Weltruf der Stadt begründet" (Heike 1914, zit. nach Reiß 2006, S. 59). 1932/33 wurde östlich des Hainsteins, oberhalb des Haintals die Wartburg-Waldbühne errichtet. Beeinträchtigt wird das Haintal heute (2014) durch zwei in der DDR-Zeit entstandene Kleingartenanlagen und die zunehmende Sukzession von ehemals offenen Wiesenflächen.

Das relativ versteckte *Johannistal* gehört zweifellos seit den 1830er Jahren zum Waldpark, es wird jedoch heute (2014) wie auch schon 1871 Jäger bemerkte, „nur wenig besucht und ist von Fremden fast nicht gekannt, weil es keine Merkwürdigkeiten und seltsame auffallende Scenen hat. Wer aber Gegenden liebt, wo die Natur einfach in allen Teilen harmonisch auftritt – der wird hier finden was er sucht […]" (Jäger in Schwerdt/Jäger 1871, S. 108). Das Tal war 1871 nur von einem Talweg und einem – zunächst steilen – Bergweg erschlossen. Der „bequeme und sehr anmuthige Weg durch das Johannisthal" (Arnswald/Kiepert 1853, S. 13) wurde unter König in der ersten Hälfte des 19. Jahrhunderts angelegt (vgl. Grebe 1858, S. 58). Der Name geht auf ein mittelalterliches Kloster, das um 1250 gegründete St. Johanniskloster, zurück. Dieses wurde 1525 im Pfaffensturm zerstört. Nur der Name, eine ebene Fläche sowie zwei Teiche, die angeblich von den Mönchen angelegt wurden, verweisen oberirdisch noch auf das einstige Kloster. 1307 soll sich im Johannistal der als Sage überlieferte „Taufritt" zugetragen haben, den Moritz von Schwind im Jahr 1854 auf der Wartburg als Fresko verbildlicht hat. Bis in das 19. Jahrhundert wurde es still um das Johannistal, es gehörte zur Wildbahn (bis 1850) und war Triftgelände, so das die ersten Spaziergänger auf Königs

Abb. 38 Eisenach, Blick vom Karthausgarten in das Johannistal, um 1900

Promenade noch Gatter öffnen und schließen mussten. Der Dichter Ludwig Storch lobte das Tal schon 1842, jedoch erst Helene von Orleans, 1848 bis 1857 im Eisenacher Exil, machte es populärer. Am westlichen Karthäuserberg ließ Carl von Schwendler, großherzoglicher Landesdirektor, Wege, die sogenannte Schwendlerei anlegen (vgl. Mähler/Weigel 1985, S. 87 f.). 1879 sorgte der Verschönerungsverein für die Anlage einer Promenade (ab 1910 Feodorenpromenade) und die Erschließung des sogenannten Gräbners Hölzchen (östlich der Schwendlerei) und des angrenzenden Aussichtspunktes Sophienruhe bzw. -höhe. Dort entstanden weitere Fußpfade und auch ein Rodelhang, die sogenannte Hasenpille. Ab 1906 plante das Johannisthal-Terrain-Consortium eine Villenbebauung durchzusetzen und wollte hierfür Flächen im Johannisthal erwerben. Die Konkurrenz-Gesellschaften witterten Gefahr für ihre noch teils unbebauten Grundstücke und entdeckten deshalb den „landschaftlichen Wert des Johannistales". Sie mobilisierten die Öffentlichkeit derart, dass sich die Stadt gezwungen sah, das Gelände zu erwerben. Um den Kaufpreis wieder hereinzuholen war eine zurückhaltende Bebauung der Talsohle vorgesehen. Hierfür wurde 1908 ein Wettbewerb ausgeschrieben. Letztlich schlugen die Bebauungsvorhaben fehl. Genauso scheiterte der Bau eines Naturtheaters, eines Reichsehrenmales, eines Reichskolonial-Ehrenmales und eines Thingplatzes im Johannistal am Landschaftsschutz. Die Bebauung der Villenkolonie Marienhöhe rückte Schritt für Schritt südwestlich an den Rand des unteren Tales heran. Von Nordosten schoben sich die Villen der Karthäuserhöhe heran. Der Talraum selbst und auch die von Wegen durchzogenen Hänge von Schwendlerei, Gräbners Hölzchen und Sophienhöhe wurden verschont (vgl. ausführlich Reiß 2006, S. 67 ff. sowie Mähler/Weigel 1985 S. 87 ff.).

Seit 1928 gehört die Tennisanlage „Am Viertelskuchen" zur Ausstattung des Johannistales. Zusätzlich zu dieser Sportanlage, besteht die derzeitige Bebauung des Johannistales aus der 1991 geschlossenen Waldschänke (siehe dort) und den nördlich davon entstandenen Kleingärten (mit mehreren, aus Lauben der DDR-Zeit hervorgegangenen Wohnhäusern).

Erinnerungszeichen – Inschriften, Denkmäler, Gedenksteine, Gedenksitze

Zahlreiche Inschriften, Gedenksteine, Gedenksitze, Denkmäler etc. sind Zeugnisse aus über 500 Jahren Geschichte und Interpretation der Wartburglandschaft. Diese sind wesentliche denkmalkonstituierende Bestandteile, die Zeugnis von der vielfältigen Rezeptionsgeschichte der Wartburglandschaft ablegen.

Abb. 39   Eisenach, Heerleins Grab, 2012

Einen großen Schub an Erinnerungsmalen innerhalb des Waldparks brachte die forstästhetische Überprägung der Landschaft seit Beginn des 19. Jahrhunderts, aber auch andere künstlerische Aneignungsformen durch verschiedene Strömungen und gesellschaftliche Gruppen (z. B. von Anhängern des großherzoglichen Hauses, vom Verschönerungsverein etc.) vom Beginn des 19. Jahrhunderts bis in die 1930er Jahre. Die wichtigsten dieser Zeichen werden im Nachfolgenden vorgestellt. Auf die Rezeption und Prägung der Wartburglandschaft durch die Burschenschaftsbewegung wird in einem gesonderten Kapitel eingegangen.

Heerleins Grab aus dem Jahr 1808 liegt unweit der Wartburg im Kälbergrund inmitten einer ungepflegten Waldwiese, von den hohen „romantischen" Felswänden auch der Eisenacher Burg umgeben. Unter einer Traueresche – eine „Esche" über dem Grab wird bereits von Peters 1914 (S. 42) erwähnt – steht eine abgebrochene Säule auf einem quadratischen Sockel. An ihr finden sich zwei erhaben herausgearbeitete ovale Schilder. Auf dem einen ist zu lesen: „Christian Heerlein starb am 24. Junij 1808", auf dem anderen: „Es ruht so wohl sich hier –, Im Schoß der Erde –, Wo ich mit Moos bedeckt – Zu Staube werde." Es gibt mehrere Versionen zu den Todesumständen: Heerlein soll ein junger Apotheker aus Eisenach gewesen sein, der aufgrund einer Wette die Felsen der Eisenacher Burg ersteigen wollte und dabei abgestürzt sei. Nach einer anderen Variante der Geschichte habe er während eines Spaziergangs am Abgrund der Eisenacher Burg Blumen gepflückt und sei dabei aus Versehen abgerutscht. Nach Schwerdt/Jäger (1871, S. 114) wurde der „Jüngling […] todt in der Höhle der verfluchten Jungfer gefunden".

Eine klassische, etwa 3 Meter hohe *Letter A* befindet sich seit 1833 in einer Felswand am Ende des damaligen Promenadenweges im Annatal, dem (heutigen) Beginn der sogenannten Drachenschlucht. Das A steht für Anna, Kronprinzessin der Niederlande, die 1833 das Tal durchwanderte (vgl. hierzu ausführlich den Abschnitt zum Annatal).

Zwei Sandsteinbänke sind unter direktem Einfluss von Gottlob König entstanden. Hierzu gehört zum einen die Bank an der *Waidmannsruhe*. Diese existierte schon 1852 (vgl. Arnswald/Kiepert 1853, S. 9, Abs. 1). Sie stammt wahrscheinlich aus dem Jahr 1832 und wurde auf Veranlassung Königs gebaut (Wirthwein 2008, S. 39; Grebe 1858, S. 58). Von der Bank eröffnet sich der Blick in nordöstliche Richtung entlang des Marientals (heute mit den Villen der Marienhöhe und dem Burschenschaftsdenkmal) und zur Milchkammer. Weiterhin wurde 1847, etwas weiter südlich der Bank Waidmannsruhe, auf dem Sängerstein, die *Sängerbank* aufgestellt, Initiator war auch hier König (vgl. hierzu ausführlich den Abschnitt zum Sängerstein).

Kurz nach dem Tod Gottlob Königs im Jahr 1849 wurde durch die Umbenennung, Umgestaltung und Anbringung einer Gedenktafel eine Felsformation gegenüber des Sängersteins zur *König-Gedenkstätte* umgewidmet. Die Idee zur Ehrung des verstorbenen Forstrates König stammte vom langjährigen Bürgermeister Röse. Er schlug am 8. Dezember 1849 vor, König mit einer „schlichten Memorialstätte" inmitten „seiner Schöpfung, dem Waldpark zwischen Eisenach und Wilhelmsthal" zu ehren (Röse 1849 zit.

Abb. 40   Eisenach, Sängerbank, 2013. Die Steinbank befindet sich auf einem extra geschaffenen kleinen Plateau. Die Aussicht zum Breitengescheid/Mariental ist vollständig zugewachsen.

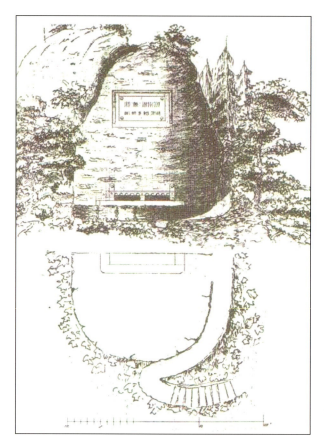

Abb. 41   Eisenach, Entwurfszeichnung für die Gedenkstätte Königstein, 1850

Abb. 42   Eisenach, Felstreppe am Königstein, 2012. Der Aufstieg erfolgt seit über 160 Jahren über direkt in den Felsen geschlagene Stufen.

Abb. 43   Eisenach, Gedenkstätte am Königstein, 2012

nach Weigel 1992, S. 112). Die Wahl fiel auf einen steil abfallenden Ausläufer der Aschburg am Eingang zur Landgrafenschlucht, der seitdem *Königstein* heißt. Die grundsätzliche herzogliche Genehmigung des Vorhabens und eine zugehörige Spende folgten schon am 22. Dezember 1849. Das Vorhaben nahm nun unter dem von Carl Grebe, Königs Nachfolger, geleiteten Komitee rasch Gestalt an.

Die Entwürfe wurden im September 1850 in Weimar befürwortet. Der Felsen wurde unter Leitung von Forstrat Grebe bearbeitet, eine Steinbank aufgestellt, Wege angelegt, Stufen in den Fels geschlagen, die gusseiserne „Monumentplatte" am 23.11.1850 ausgeliefert. Es ist davon auszugehen, dass die Gedenkstätte 1851 fertiggestellt war und eingeweiht wurde (vgl. hierzu ausführlich Weigel 1992). Noch heute präsentiert sich die Situation weitgehend so wie von Grebe geplant: Auf halber Höhe befindet sich die Gedenktafel mit einem kleinen eingeebneten Felsplateau davor. Von hier hat man – zumindest im Winter – einen Blick auf die Teiche, in die Landgrafenschlucht und auf die Felsen des Marientales bzw. des Breitengescheids. Die historische Bank ist verschwunden und durch eine einfache Bank mit Betonfüßen ersetzt. Auf dem höchsten Punkt des Königsteins, oberhalb der eigentlichen König-Gedenkstätte, befindet sich ein künstlich gehauener kreisrunder Platz mit einer Linde in der Mitte. Es ist davon auszugehen, dass

dieser Platz bereits vor der Gestaltung des König-Erinnerungsortes 1850/51 als Aussichtspunkt erschlossen war.

Im „Neuen Nekrolog der Deutschen" aus dem Jahr 1851 schreibt hierzu der Hofgärtner Hermann Jäger: „Kein Ort konnte geeigneter sein, als der Berg seines Namens, der Königsstein, in der Mitte seiner Schöpfungen gelegen. Mag das Denkmal aber stehen, wo es will: Das schönste hat sich König selbst gesetzt durch seine lebendigen Werke." (Jäger 1851 zit. nach Schwartz 1985, S. 99)

Auch Königs Nachfolger wurden mit Gedenkplatten an markanten Felsen innerhalb der Lehrforste geehrt. 1900 erhielt Carl Grebe am *Grebestein* in der Nähe des Wachsteins (außerhalb des Denkmalensembles) eine eingelassene Tafel, 1925 folgte eine weitere Tafel für *Hermann Stötzer* an einem Felsen unterhalb des Rudolfsteins. Begonnen hatte die Tradition, Direktoren und Schüler der Forstschule in Stein zu verewigen, 1813 am *Glöckner*, einem Berg im Ruhlaer Revier. Hierbei ist vor allem der „Königstuhl", ein Felssitz mit Aussicht zu Ehren von Gottlob König, zu nennen. In den dortigen Granitfelsen am Rennsteig schlug man ab 1813 folgende Inschriften ein: „Den Jahren 1802–1812" und neun Namen von Schülern der Ruhlaer Forstschule sowie die Inschrift „1813 wurde hier gepflanzt". Diese verweist eventuell auf die praktische Pflanztätigkeit der Schüler. Die schon um 1830 erfolgte Ergänzung „für 1871" sorgte in

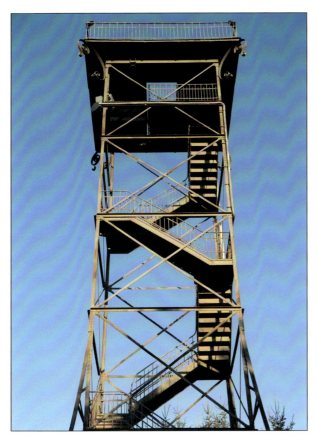

Abb. 44 Ruhla, Carl-Alexander-Turm, 2013. Der markante, 1897 errichtete Turm befindet sich außerhalb des engeren Untersuchungsgebietes.

Abb. 45 Ruhla, Blick vom Carl-Alexander-Turm in nordwestliche Richtung, 2013. Im sanft wogenden Meer von Bergen muss man die Wartburg fast schon suchen. Trotzdem war sie Anlass für die Errichtung des Turmes. Der Blick reicht bis zum Hohen Meißner.

Stelle zum 50-jährigen Regierungsjubiläum des Großherzogs Carl August eine Aussichtskanzel errichtet. Diese ermöglichte den Blick auf den sogenannten Jubelhain, eine von Forstrat Gottlob König angelegte Pflanzung, die die großformatigen Initialen „C A" enthielt (vgl. Köllner 1992; Schwartz 2010, S. 270). 1867 entstand ein 56 Fuß hoher Holzturm, der erste Carl-Alexander-Turm. Der Turm bestand bis 1896 und wurde mit Mitteln

Abb. 46 Eisenach, Carl-Alexander-Stein am westlichen Gebietsrand, 2013. Der Gedenkstein trägt die Inschrift: „Carl Alexander 24. Juni 1898".

späterer Zeit für Diskussionen um die prophetischen Fähigkeiten der Forsteleven (vgl. Schwartz 2010, S. 48). Möglicherweise sollte damit aber nur das Jahr der vorausberechneten Schlagreife der 1813 gepflanzten Bäume gekennzeichnet werden. Dies ist jedoch auch umstritten, da 1. die Zeitspanne von 58 Jahren – selbst bei sehr optimistischer Herangehensweise – sehr kurz bemessen und zudem 2. sehr „krumm" ist. Warum 58 Jahre und nicht 60? Ging es eventuell eher um ein Jahrgangs-Jubiläum oder ein geplantes Treffen?

Die materialisierten Ehrerbietungen für Großherzog Carl Alexander in der Umgebung von Eisenach gehören ebenfalls zum Bestand des Wartburg Waldparks. Obwohl weit außerhalb des engeren Untersuchungsgebietes gelegen, muss der *Carl-Alexander-Turm* bei Ruhla, oft auch kurz Alexanderturm genannt, ausdrücklich mit zum historischen Waldpark gezählt werden. Er nimmt sowohl durch seine Namensgebung als auch durch seine Funktion direkt auf die Wartburg Bezug. Dieser einzige Aussichtsturm im westlichen Thüringer Wald befindet sich auf dem 639 Meter hohen Ringberg westlich von Ruhla. Der dort bis heute bestehende Carl-Alexander-Turm von 1897 hatte mehrere Vorläufer, die ebenfalls eng mit der Kulturlandschaft rund um die Wartburg verbunden sind. 1825 wurde an gleicher

Nützlich und schön – Der Waldpark unter Gottlob König und seinen Nachfolgern

Abb. 47 Eisenach, Cranach-Denkmal an der Wartburg-Allee, 2012

Abb. 48 Eisenach, Kanterbank, 2013. Leider gewährt auch der Standort dieser 1936 errichteten Bank – ebenso wie der Standort der Sängerbank – gegenwärtig keine Aussicht mehr.

des Initiators Alexander Ziegler finanziert. Die Namensgebung erfolgte „in Würdigung seiner [Carl Alexanders] Verdienste bei der Restaurierung und Erneuerung der Wartburg, die zum Turm herübergrüßt" (Köllner 1990, S. 8). Der heutige, 3. Carl-Alexander-Turm wurde 1897 auf Betreiben des 1889 gegründeten „Carl-Alexander-Turm-Vereins" aus Ruhla errichtet. Vorbild und Anregung (u. a. in der Kubatur) war ganz offensichtlich der Eiffelturm in Paris (1887–1889). Die reine Stahlkonstruktion des Carl-Alexander-Turmes ist 21 Meter hoch und wird über 111 Stufen erschlossen. Die Aussichtsplattform befindet sich 250 m über der Wartburg. Hierdurch ergibt sich eine interessante und ungewöhnliche Perspektive: Inmitten ausgedehnter, ungestörter Wälder erblickt man „unter sich" in nordwestlicher Richtung die – von hier aus schon recht kleine – Wartburg. Aber auch die anderen Blickrichtungen der Rundumsicht sind lohnend. Die Baufirma errechnete eine Standzeit von 100 Jahren, wenn alle 6 Jahre Instandhaltungsmaßnahmen durchgeführt würden (vgl. Köllner 1992). Bisher wurden 10-mal Renovierungsarbeiten durchgeführt, zuletzt in den Jahren 1989 und 1997. Derzeit (2014) stehen wieder Arbeiten an.

Am nordwestlichen Rand des Denkmalensembles (westlich Bahnunterführung/B 84) befindet sich ein schlichter *Gedenkstein* für Großherzog Carl Alexander. Er wurde 1898 aus Anlass des 80. Geburtstages des Regenten errichtet und aus dem anstehenden Wartburg-Konglomerat gefertigt.

Ein weiteres, allerdings viel bekannteres und künstlerisch sehr viel anspruchsvolleres Denkmal für Carl Alexander befindet sich knapp außerhalb des Untersuchungsgebietes am Beginn des Haintales/Karthausgarten. Es wurde 1909 eingeweiht und nimmt direkten Sichtbezug zur Wartburg.

Besonders ab 1900, aber auch schon davor rief der „Trend, immer mehr Felsen mit Gravuren und Erinnerungsmalen auszustatten" (Reiß 2006, S. 124) zunehmend Kritik hervor. Schon Hermann Jäger bemerkte 1871 in Bezug auf das gehauene A im Annatal: „Man lässt sich den Namen [Annathal] gerne gefallen, denn er klingt schön; doch was das A anbelangt, so meine ich, man solle in einer so wilden Gegend die Natur nicht mit lithografischen Künsten verderben, und das ABCbuch der Schule überlassen, nicht aber Felsen und Berge zu Blättern desselben machen." (Schwerdt/Jäger 1871, S. 103) Sein Ruf blieb jedoch – wie wir wissen – weitgehend ungehört. Am Südwestabfall der Eisenacher Burg befindet sich eine Inschriftentafel mit den Zeilen: „Wie schuf doch Gott die Welt so schön/Drum Wandrer bet ihn an!/Sollts Dir auch noch so schlecht ergehn/Bete! Er hilft Dir dann!" Die Urheberschaft der Tafel konnte im Rahmen der vorliegenden Arbeit nicht geklärt werden, es ist jedoch davon auszugehen, dass sie vor 1914 angebracht wurde. Nach dem Ersten Weltkrieg setzte der Heimatschutzbund durch, auf ein Denkmal für Walter Flex auf dem Breitengescheid zu verzichten (Reiß 2006, S. 124).

Bis in die 1930er Jahre wurden die tradierten Formen der Erinnerungskultur weiter fortgeführt. Denkmäler und Gedenksitze sollten – wie seit Jahrhunderten – Personen und Begebenheiten, die eng mit der Wartburglandschaft verbunden sind, „verewigen". An dieser Stelle sei an die – bereits an anderer Stelle erwähnte – 1925 von „Schülern und Freunden" gestiftete Gedenkplatte für Forstrat Dr. Stötzer erinnert.

Oberhalb der Wartburgallee am Talschluss des Helltals wurde im Jahr 1930 das Cranach-Denkmal errichtet. Es erinnert an Hans Lucas von Cranach (1855–1929). Dieser war von 1894 bis 1929 Burghauptmann der Wartburg, Mitbegründer der Wartburg-Stiftung, des Thüringer Museums und des Reuter-Wagner-Museums in Eisenach. Für die besondere Inszenierung des Denkmals wurde eigens eine kleine Terrasse herausgearbeitet und das eigentliche Denkmal von zwei Bänken flankiert.

Abb. 49   Eisenach, Ausblick vom Südturm der Wartburg nach Süden, 2013

Abb. 51   Eisenach, Blick vom Metilstein nach Süden, 2012

Abb. 50   Eisenach, „Nr. 97 Durchblick von der Hohensonne nach der Wartburg. […] Hofphotogr. G. Jagemann Eisenach." Stereofoto, um 1880

Nur wenige Schritte oberhalb der 1847 aufgestellten Sängerbank befindet sich die 1936 eingeweihte Kanterbank. Die Sandsteinbank mit Rückenlehne wurde wurde zu Ehren des Vorsitzenden des Eisenacher Verschönerungsvereins Oberstleutnant a. D. Felix Bruno Georg Kanter aufgestellt. Eine rechteckige Metallgussplatte in der Rückenlehne mit erhabener Inschrift benennt das Sitzmöbel eindeutig als „Kanter=Bank". In der rechten Armlehne befindet sich eine weitere Platte mit der Inschrift „Verschönerungsverein Eisenach 1936".

Die Aneignung der Wartburgumgebung durch Namensgebungen, Inschriften etc. dauert bis heute an. So werden bis in die allerjüngste Zeit Gedenkbänke oder Gedenkschilder z. B. für Jahrgangstreffen, Firmenjubiläen, Personen oder Ähnliches gestiftet. Allerdings sind diese heute zumeist aus vergänglichen Materialien, insbesondere Holz, so dass eine Dauerhaftigkeit meist nicht gegeben ist.[21]

Abb. 52   Eisenach, „Blick auf die Wartburg. Hohe Sonne.", um 1890

Nützlich und schön – Der Waldpark unter Gottlob König und seinen Nachfolgern

Abb. 53 Eisenach, Blick vom Breitengescheid über die Bebauung „Unter der Eisenacher Burg" und des Liliengrundes zur Wartburg, um 1910

Abb. 55 Eisenach, Aussichtsplatz mit Sandsteinbank Waidmannsruhe, 2013

Abb. 54 Eisenach, Blick vom Breitengescheid in Richtung Südwesten, um 1880. Rechts angeschnitten ist der noch offene Sängerstein zu sehen.

Abb. 56 Eisenach, Blick vom Platz der Sängerbank, 2013

Aussichtsplätze und Sichten

Aussichtsplätze, Sichten und Rundumsichten sind seit seiner Entstehung das verbindende Element des Waldparks. Sichten verbinden weit auseinanderliegende Partien über Täler und Schluchten hinweg. Einige Plätze bieten spektakuläre Rundumsichten und Sichtenfächer (z. B. die Wartburg selbst, das Burschenschaftsdenkmal, der Metilstein und der Carl-Alexander-Turm) mit Blick auf die Wartburglandschaft, aber auch mit Fernsichten weit darüber hinaus. Bei diesen Totalansichten wird immer wieder das Thema Burg mit Landschaft aus unterschiedlichen Perspektiven und Entfernungen variiert.

Ein zentrales Element des Wartburg Waldparks ist die *Aussicht von der Burg* bzw. von deren Südturm aus, und dies mindestens seit Beginn ihrer Wiederentdeckung durch Goethe im Jahr 1777, der sich nur von der Landschaft, nicht jedoch von der Burg selbst beeindruckt zeigte (vgl. Kapitel Wechselbeziehungen zwischen Burg und Landschaft).

Knapp einhundert Jahre später zeigte sich Schwerdt immer noch ähnlich überwältigt: „Die Aussicht von derselben [von der Plattform des Südturms der Wartburg] ist ebenso weit, als entzückend, ebenso anmuthig als großartig. Ohne in unabsehbarer Ferne zu verschwimmen, breitet sich in den mannichfaltigsten Schattierungen ein herrliches Panorama vor den Blicken aus. [...] Gen Mittag[22] ist die Aussicht, wenn auch nicht so mannichfach, doch um so grotesker. Die Bergkette des Thüringerwaldes schlingt ihre grünen Arme in einander, und das kahle Breitengescheid des nahen Marienthals ruht wie ein stummer Sarg in dem geheimnissvollen Friedhof des unabsehbaren Gebirges. Hier zackige Felsen und tiefe Schluchten, dort grüne Matten und freundliche Thäler, und über allen Waldeshäuptern der ferne Riese des Inselsberges, und im südlichen Hintergrund die nebelumhüllten Vorberge der Rhön. Das Waldmeer in seinen dunkeln und in seinen lichten Tinten (Nadel- und Laubholz) wogt und wallt vor den träumenden Blicken, und die vielen Pfade, die dasselbe bald durchkreuzen, bald durchschlängeln, sind fast immer von einheimischen und fremden Gästen belebt." (Schwerdt in Schwerdt/Jäger 1871, S. 83 f.)

Andererseits dominiert auch die Burg die Landschaft, selbst wenn man sie – wie vom Carl-Alexander-Turm – kaum ausmachen kann. Andere Elemente sind viel näher. Trotzdem steigt man hauptsächlich auf den Turm, um die Wartburg zu sehen, die man jedoch recht lange suchen muss. Die Aussichten im engeren Waldpark beziehen sich ebenfalls zumeist auf die Wartburg, die aus unterschiedlichen Blickwinkeln und Entfernungen dargeboten wird. Manchmal lenkt nur ein sehr schmales Sichtfenster den Blick auf die Burg.

Häufig sind die Aussichtsplätze mit Erinnerungsmalen und/oder Felspartien verbunden, wie z. B. die Aussichtspunkte Wilde Sau, Herzogsbank, Waidmannsruhe, Sängerbank, Königstein, Carl-Alexander-Turm, Burschenschaftsdenkmal, Carolinenblick, Cranach-Denkmal und Kanterbank.

Eine Vielzahl dieser Aussichtspunkte gewährt keine Aussicht zur Wartburg. Diese „begnügen" sich mit z. B. Waidmannsruhe, Sängerbank, Cranach-Denkmal, Teufelskanzel, Kisselblick, Drachenstein, Hirschstein und Kanterbank.

Sehr oft ist die Wartburg Blickziel oder Bestandteil des Panoramas: Die Blidenstatt an der Eisenacher Burg bietet eine Sicht auf die Südseite der Wartburg. Den Blick zur Wartburg aus südöstlicher Richtung vom Carolinenblick dominieren die Laubwälder im Vordergrund. Der Katzensprung zeigt die Wartburg inmitten von Laubwäldern von Südwesten. Vom Marienblick aus südöstlicher Richtung erscheint die Wartburg im Mittelgrund. Der auf Geheiß von König geschaffene Durchblick bzw. „Durchhieb" zur Wartburg von der Hohen Sonne existierte schon vor der Mitte des 19. Jahrhunderts und öffnet nur ein schmales Sichtfenster. Diese Sicht gehört seitdem zu den beliebtesten abgebildeten Blicken auf die Wartburg.

Von der „Wilden Sau" ist die Wartburg aus südwestlicher Richtung erlebbar. Die Aussicht vom Metilstein zur Wartburg bzw. zu einer in eine Waldlandschaft eingebettete Burg gehört zu den schönsten, zumal kaum technische Einwirkungen das „romantische" 180-Grad-Panorama mit Burg und Bergen beeinträchtigen. Bemerkenswert ist, dass dieser Blick nach Süden und Südwesten – auch außerhalb der engen Grenzen des Denkmalensembles Waldpark – bis heute (2014) nahezu störungsfrei überkommen ist. Eisenacher Burg und Viehburg bieten bzw. boten spektakuläre Ansichten der Burg ebenfalls aus relativ geringer Entfernung, jedoch aus südlicher Richtung.

Auf dem vorderen Breitengescheid befindet sich der Aussichtspunkt Paulinenhöhe. Hier vermerkt ein historischer Reiseführer: „Aussichtspunkt mit hoher Wetterfahne auf einem Felsvorsprung, östlich über der Abzweigung der Landgrafenschlucht vom Mariental. Blick auf dieses und die Wartburg. Benannt nach der Erbgroßherzogin Pauline von Sachsen-Weimar. Später wurde der Name Paulinenhöhe auch für die Felspartien über dem Mariental zum Breitengescheid hin verwendet. Zurzeit gibt es auf der Paulinenhöhe drei Aussichtspunkte: den Marientalblick, den Wartburgblick und den Dr. Mosig Blick." (zit. nach: Verein zur Erhaltung des Eisenacher Südviertels 2006)

Auch der Rudolfstein bot einst eindrucksvolle Sichten vor allem in westliche und nördliche Richtung. Die einzige erhaltene Aussicht vom Rudolfstein befindet sich heute unterhalb des eigentlichen Aussichtpunktes und lässt noch etwas von der einstigen Qualität erahnen.

Der Waldpark – Impulsgeber für Fremdenverkehr, Villenbebauung und Gastronomie

Die Gestaltung des Waldparks in der ersten Hälfte des 19. Jahrhunderts unter König hatte, noch bevor (!) die Restaurierung der

Abb. 57 Eisenach, „Blick vom Fürstenhotel nach der Wartburg", Postkarte, gelaufen 1909. Eine typische Ansichtskarte der Zeit um 1910: Der Blick schweift vom Fürstenhotel im Villengebiet Karthäuserhöhe über das Kurhaus zu den Villen am Predigerberg/Hainstein bis zur Wartburg im Hintergrund.

Abb. 58 Eisenach, „Hotel-Restaurant Hohesonne b. Eisenach (Hoftraiteur W. Schaefer)", um 1900. Links im Hintergrund ist der Rokoko-Pavillon, der letzte Rest des ehemaligen Jagdschlosses, zu sehen.

Abb. 59 Eisenach, „Johannistal Eisenach Waldschänke", um 1910

Abb. 60 Eisenach, Waldschänke im Johannistal, 2014. Das Gebäude zeigt sich äußerlich kaum verändert.

Abb. 61 Eisenach, „Erfrischungsstation Sängerwiese Karl Roth", vor 1918. Die Station war der Vorläufer der heutigen Gaststätte Sängerwiese.

Abb. 62 Eisenach, „Waldhaus Sängerwiese b. Eisenach", um 1935

Wartburg sehenswerte Züge annahm, positive Auswirkungen auf den „Tourismus". Auch wenn es dieses moderne Wort noch nicht gab, sorgten die Besucher doch für eine zusätzliche Einnahmequelle der Eisenacher. So notierte der Oberbürgermeister Röse 1849, König habe „sich noch ein ganz besonderes Verdienst um unsere Stadt erworben, indem er die tiefsten Schluchten, wie die steilsten Höhen uns zugänglich gemacht und hierdurch uns selbst die Gelegenheit zum herrlichsten Genuß der Natur bereitet, unserer Stadt aber durch die Zuführung zahlloser Gäste aus der Nähe und Ferne die ergiebigsten aller Erwerbsquellen eröffnet hat" (Röse 1849; zit. nach Weigel 1992, S. 112).

War es zunächst hauptsächlich der Adel und der zugehörige Hofstaat, der die Wartburggegend bei Jagdausflügen und Spazier-Fahrten und -Ritten hauptsächlich von Wilhelmsthal aus, erkundete, folgten mehr und mehr – parallel zur Einrichtung des Waldparks und insbesondere nach der Anbindung Eisenachs an das Eisenbahnnetz – das Bürgertum sowie Handwerker.

1847 erschien der erste, spezielle Reiseführer für ein breiteres Publikum: „Wegweiser oder Notizen von Eisenach und Umgegend, welche ankommenden Fremden zu empfehlen" von Christian Kehr sen. Dieses Büchlein mit 31 Seiten Umfang sprach eher den Kleinbürger und reisenden Handwerker an. 1849 folgte „Eisenach und die Wartburg mit ihren Merkwürdigkeiten und Umgebungen" des Pfarrers Heinrich Schwerdt und des Hofgärtners Hermann Jäger (2. Auflage 1871). Dieser umfassende Führer berichtet auf knapp 150 Seiten sehr ausführlich über die Besonderheiten der Region. Hierbei wurde eher eine wohlhabende und gebildete Klientel angesprochen (vgl. Weigel 1993). 1853 erschien in Weimar ein „Plan der Umgegend von Eisenach" von Arnswald und Kiepert, eine „touristische" Karte mit kurzgefasstem Erläuterungstext.

Auch die herzogliche Familie blieb in der zweiten Hälfte des 19. Jahrhunderts dem Waldpark treu. Bereits seit den 1830er Jahren hatte sich der spätere Großherzog Carl Alexander mit der Restaurierung der Wartburg auseinandergesetzt. Zeitlebens war für Carl Alexander die Wartburg das wichtigste (und kostspieligste) Projekt. Noch vor seiner offiziellen Regierungsübernahme 1853 wählte er Wilhelmsthal im Jahr 1851 zu seinem nahezu alljährlichen Sommersitz. Sicher hat hierbei auch die Zugehörigkeit von Wilhelmsthal zum Waldpark und zur Wartburg eine Rolle gespielt. Die herzogliche Familie wohnte im Sommer in Wilhelmsthal, erkundete von dort auf Ausflügen, oft zusammen mit hochrangigen Gästen, die gesamte Umgebung und besuchte hierbei natürlich auch regelmäßig und häufig die Wartburg.

Parallel zum zunehmenden Fremdenverkehr rund um die Wartburg entwickelten sich im Süden der Stadt Eisenach ab der Mitte

Abb. 63   Eisenach, kommunistisches Jugendtreffen auf der Sängerwiese, 1923

des 19. Jahrhunderts vier zusammenhängende großbürgerliche *Villenviertel:* das Marienthal, die Marienhöhe, die Karthäuserhöhe sowie der Predigerberg/Hainstein. Es entstanden über 100 Gebäude in historischer Stilvielfalt, die fast vollständig bis heute erhalten sind. Alle vier Gebiete besitzen einen direkten räumlichen Anschluss an die Wartburglandschaft.

Von – im doppelten Sinne – herausragender Bedeutung war für die Kolonien der Marienhöhe, der Karthäuserhöhe sowie des Predigerberges/Hainsteins der Blick auf die in die Landschaft eingebettete Wartburg.[23] Von sehr vielen Gebäuden oder Aussichtspunkten in den Villengärten eröffnet sich der Blick in Richtung der Burg. Je prominenter und wohlhabender der Bauherr war, desto exklusiver war sein Wartburgpanorama. Dies gilt jedoch nicht für alle Villengebiete. Insbesondere das Mariental kam ohne exklusive direkte Blicke zur Wartburg aus, hier genügte die direkte Anbindung an den Waldpark und dessen Naturinszenierungen. Der eigentliche Waldpark ist vor allem mit dem Mariental, aber auch mit den anderen Villengebieten so eng verzahnt, dass eine strikte Trennung kaum möglich ist. Ohne die Einbettung/Anbindung an die Wartburg bzw. den zugehörigen Waldpark wären die Villen, wenn sie denn überhaupt dort entstanden wären, sicherlich weniger aufwendig und auch in viel geringerer Zahl errichtet worden. Es wurden keine Kosten und Mühen gescheut, um auch in topographisch-bautechnisch ungünstiger Lage, aber in Sichtweite der Wartburg, Villen errichten zu können. Hierfür wurden Felsen gesprengt, Stützmauern errichtet usw.; aber auch Gebäude entworfen, die baukünstlerisch Bezug auf die Wartburg reagierten, wie z. B. die sogenannte Kleine Wartburg (Villa Mariental 15).

Der zunehmende Fremdenverkehr, häufige Kongresse, Versammlungen, Treffen, Parteitage etc. in Eisenach aber auch die steigende Zahl der Wochenendausflügler sorgten dafür, dass im Bereich des heutigen Waldparks ab dem Ende des 19. Jahrhunderts mehrere Ausflugsgaststätten errichtet wurden.

Das heute stark verfallene schlossähnliche Gebäude auf der *Hohen Sonne* wurde ab 1899 als Hotel und Restaurant erbaut. Der Bau bedurfte – auf Grund seiner besonderen Lage auf halber Strecke zwischen den beiden großherzoglichen Anwesen Wilhelmsthal und der Wartburg, inmitten der forstästhetisch gestalteten Landschaft – zuvor einer gesonderten Baugenehmigung, die sogar Gegenstand einer Landtagsdebatte des Großherzogtums Sachsen-Weimar-Eisenach war. Im Zentrum des Plateaus entstand das Hotel, welches allerdings, gewissermaßen als „Ausgleich", dem schon lange zuvor beseitigten zentralen Gebäude der ehemaligen Schlossanlage nachempfunden war. Architekt des historistischen Neubaus war der Weimarer Baurat Carl Reichenbecher. Hierzu hieß es unter der Überschrift „Baubeginn an der Hohen Sonne" in der Eisenacher Zeitung vom 11. November 1899: „Die Pläne zum Bau sind nach Maßgabe derjenigen eines im vorigen Jahrhundert daselbst befindlichen, später abgebrochenen Jagdschlosses ausgefertigt worden, welches an derselben Stelle gestanden hat." Im Jahr 1985 wurde das Gasthaus auf der Hohen Sonne geschlossen. Nach mehreren Eigentümerwechseln ist das seit 1979 unter Denkmalschutz stehende Gebäude leerstehend und einsturzgefährdet. Als provisorische Versorgung für die Wanderer wurden vom Staatlichen Forstbetrieb Eisenach Blockhütten am Parkplatz errichtet und ein Imbiss eröffnet, dieses Provisorium besteht bis heute (2014).

Im Johannistal entstand ca. 1860 im Bereich der heutigen *Waldschänke* das „Weiße Haus" (eine Raststätte für Waldarbeiter). 1906 wurde das Gebäude nach Plänen des Eisenacher Architekten Curt Mergenbaum (1876–1969) zu einem Ausflugslokal, der Waldschänke, umgebaut (vgl. Stückrad 2011, S. 6). In der Formensprache bediente sich der Architekt alpenländischer Stilmittel, die bei Bauwerken in den Eisenacher Villenvierteln, insbesondere im Mariental, von Zeit zu Zeit, wenn auch nicht allzu häufig, verwendet wurden, so z. B. bei der 1874 errichteten Villa Solitude, Mariental 18. Mergenbaum ließ – in etwa zeitgleich zur Waldschänke – die Villa im Liliengrund 6, ebenfalls mit stilistischen Anleihen aus dem Alpenraum, errichten (vgl. Reiß 2006, S. 129 u. 134). 1927 fand an der Waldschänke eine „Kolonial- und Völkerschau" mit Bühne inmitten eines „Araber- und Negerdorfes" statt (vgl. hierzu ausführlich Stückrad 2011). Die Waldschänke ist seit 1991 geschlossen, jedoch noch voll eingerichtet.

Das Thüringer Sängerfest von 1847 wurde durch verschiedene Namensgebungen „verewigt". Das *Waldhaus Sängerwiese,* die Sängerwiese, der Sängerpfad, die Sängerbank und die Sängerwiesenhütten berufen sich namentlich alle auf das Fest von 1847. Schon in den 1920er Jahren trug die heutige Sängerwiese ihren Namen, obwohl das historische Sängerfest 1847 auf der Milchkammerwiese stattfand. Vermutlich hat sich der Name vom nahen Sängerstein auf die westlich von diesem gelegene Wiese übertragen.

Im Bereich der heutigen Sängerwiese, an der zentralen Wegekreuzung, befand sich schon vor 1918 die extrem einfache „Erfrischungsstation Sängerwiese von Karl Roth" (vgl. Abb. 61). Ein Schuppen, Bierfässer und Stühle unter Bäumen bildeten ein provisorisch-uriges Ambiente. Wie lange diese Station bestand, ist nicht klar. Auch in den 1920er Jahren fanden schon Veranstaltungen auf der Sängerwiese statt, so etwa ein Waldlauf Prinzenteich–Sängerwiese im Rahmen der Arbeiter-Sportwoche oder ein Jugendtreffen 1923. 1927 baute „der Natur- und Heimatfreund Schuchardt" am Wegekreuz an der Sängerwiese sein Haus, das 1932 zur Gaststätte umgebaut wurde und sich im Laufe der Zeit zum heute (2014) noch bestehenden „Waldgasthof Sängerwiese" entwickelte (Quelle: Stadtarchiv Eisenach, 2010, www.eisenach-city.de/Sonderseiten/2010/Saengerwiese_Eisenach/Saengerwiese_Eisenach.html). Ab 1965 entstanden auf der Sängerwiese nach und nach einige Gebäude des Staatlichen Forstwirtschaftsbetriebes sowie ein – noch heute bestehendes – Wohnhaus.

Integration verkehrstechnischer Einrichtungen

Wesentlicher Bestandteil der Wartburglandschaft und des seit dem 19. Jahrhundert entstehenden Waldparks sind verkehrstechnische Einrichtungen. Hierzu zählen zum einen die „normalen" – teils seit Jahrhunderten genutzten – Handels- und Wirtschaftswege, zum anderen führte der zunehmende Fremdenverkehr rund um die Wartburg und die ästhetische Erschließung des Waldparks zur Anlage von „Kunstwegen", die schön und nützlich aber auch nur schön sein konnten (vgl. hierzu den gesonderten Abschnitt). Der zunehmende Fremdenverkehr per Bahn sorgte 1897 für die Einrichtung einer Straßenbahnlinie bis zum Beginn des Annatales. Aber sogar die jahrhundertealte Tradition des

Abb. 64 „Eisenach. Felspartie im Mariental", Postkarte, um 1910. Von 1897 bis 1943 konnte man bis zum Beginn des Annatales mit der „Elektrischen" fahren.

Abb. 65 Eisenach, „Die Wartburgesel" und ihre bescheidene Eselstation, Postkarte, um 1910

Abb. 66 Eisenach, heutige Eselstation, 2013. Das Bauwerk ist ästhetisch wenig anspruchsvoll.

Eselsrittes auf die Wartburg wird bis in die Gegenwart fortgesetzt. Die extreme Zunahme des Automobilverkehrs in den 1920er Jahren führte schließlich zur Einrichtung der „Wartburgschleife" 1930. Die Trasse der 1859 eröffneten Werra-Eisenbahn wurde als integrativer Bestandteil des Wartburg-Umfeldes bewusst gestaltet und in die landschaftliche Situation eingepasst.

Ab der Mitte des 19. Jahrhunderts nahm der Fremdenverkehr – bedingt durch die beiden neuen Eisenbahnlinien (ab 1847 bzw. 1849 die Thüringer Bahn & ab 1859 die Werra-Eisenbahn), die Erschließung und Gestaltung des Waldparks und die 1867 weitgehend abgeschlossene Restaurierung der Wartburg – sprunghaft zu. Vom Bahnhof zog durch die Stadt (insbesondere an Wochenenden) ein Strom von Besuchern in Richtung des Waldparks rund um die Wartburg, der von Pferdefuhrwerken nicht mehr bewältigt werden konnte. Nach verschiedenen Ideen entschied man sich für eine *Straßenbahn* zur Beförderung der Ausflügler. Im Sommer wurden zusätzliche offene Wagen angehängt. Eröffnet wurde der elektrische Straßenbahnverkehr in Eisenach mit der eingleisigen Linie vom Hauptbahnhof zum Ende des Marientals/Beginn des Annatales am 3. August 1897. Die erste Bahnlinie

Abb. 67 Eisenach, Aufgang zur Burg an der Wartburgschleife mit dem neu hergestellten und ausgemauerten Tunneldurchbruch, ca. 1930

Abb. 69 Eisenach, Raststätte an der Wartburgschleife, 1930er Jahre. Auf der Terrasse des neuen Felsaufschlusses befand sich ein Biergarten.

Abb. 68 Wartburg mit „Schleife", Zeichnung von Hanns Bock, 1930

Abb. 70 Eisenach, Garagengebäude (Vordergrund) und Raststättengebäude (hinten links) der Wartburgschleife, 2012

diente ausschließlich dem Ausflugsverkehr. Schrittweise Erweiterungen des Streckennetzes folgten bis Ende der 1920er Jahre. 1943 wurde die Linie im Mariental verkürzt: Endstation war nun bereits am Gasthaus Phantasie, 1958 wurde die komplette Strecke eingestellt. 1975 kam das endgültige Aus für die Straßenbahn in Eisenach (vgl. Eckebrecht 1993, S. 13).

Schon Mitte des 19. Jahrhunderts gab es in der Stadt Fremdenführer, welche die Besucher auf *Eseln* zur Wartburg oder anderen Zielen der Umgebung geleiteten. Nach Schwerdt/Jäger (1871, S. 90) gab es zu dieser Zeit u.a. „am Ende der Stadt" (in der Nähe des alten Friedhofes) „eine Station für Esel", von welcher die Tiere zeitweise „vermiethet" wurden. Durch den Droschken- und später Automobilverkehr wurden die Esel als Transportmittel überflüssig. Trotzdem existiert bis heute (2014) noch die im Jahr 1900 gegründete Eselstation an der Wartburgallee, deren Esel hauptsächlich Kinder – aber auch Erwachsene bis 65 Kilogramm – im Sommerhalbjahr zur Belustigung auf die Wartburg transportieren.

Ab 1900 nahm der schon recht intensive Tourismus zur Wartburg nochmals sprunghaft zu. Verschiedene – teils utopische – Ideen zur besseren direkten Anbindung der Wartburg wurden entwickelt, jedoch nicht realisiert (vgl. hierzu ausführlich Schall 1994, S. 135 ff). 1921 wurde die Zahl von 200.000 Touristen auf der Burg erstmals übertroffen, auch immer mehr Motortouristen steuerten die Wartburg an. Aus diesem Grund wurde schließlich die sogenannte *Wartburgschleife* im Bereich des vormaligen „Roten Steinbruchs" ab 1929 als Park- und Wendeanlage für Busse und PKW mit zugehörigem Rastplatz-Gasthaus und einem Werkstatt-Garagen-Komplex sowie „Aral- und Shellpumpen" gebaut und 1930 ihrer Bestimmung übergeben. Das Gasthausgebäude ist im „Heimatschutzstil" gehalten, während das Garagengebäude im sachlichen Stil errichtet wurde (vgl. ausführlich Schall 1994, S. 145 – 152).

Bei der Gestaltung der Wartburgschleife hatte die Einbindung in die Landschaft oberste Priorität. So äußerte sich Oberbürgermeister Friedrich (Fritz) Armin Janson während der Eröffnung 1930: Es wurde „darauf geachtet, die Natur möglichst zu schonen, das Neue in das Gelände einzubetten, daß es das Bild der Wartburg, sowohl wie den Ausblick von ihr in die Lande nicht störte[24]. Im Gegenteil ist durch die Anlage ein neuer Blick zur Wartburg geschaffen […] Die Anlage einer steinernen Brücke mit schönem

Abb. 71   Eisenach, „Der Tunnel bei Eisenach", 1847. Spazierwege erschließen den Tunnelkopf.

Durchblick, von Promenadenwegen und Ruheplätzchen innerhalb der Schleife tragen weiter zur reizvollen Gestaltung der Wartburglandschaft bei. Die Anlage bildet eine gewisse Verbindung zwischen dem großen Geschichts- und Kulturwerk, der Burg, und dem immer mehr zum Gemeingut werdenden Verkehrsmittel unserer Zeit, dem Motor in Auto und Rad." (zit. nach Schall 1994, S. 148)

Die notwendigen Erschließungswege des Fremdenverkehrs sind schon seit der Wartburg-Wiederentdeckung Ende des 18. Jahrhunderts ein wesentliches und prägendes Element der Landschaft. Sie waren jedoch nur Mittel zum Zweck der Landschaftsaneignung. Auch ein geschwungener Parkweg dient stets nur als „stummer Führer" durch die Landschaft. Mit der Wartburgschleife scheint jedoch eine neue Stufe erreicht

Abb. 72   Eisenach, Nordportal des Förthaer Tunnels, 2013. Nur wenig hat sich gegenüber der ursprünglichen Situation verändert, Fels und Naturstein dominieren.

Abb. 73   Eisenach, Straßentunnel der Werrabahnstrecke, 2013. Der Tunnel am nordwestlichen Gebietsrand ist ebenfalls durch Naturstein etc. an die Landschaft angepasst.

Abb. 74   Förtha, Südportal des Förthaer Tunnels, 2013. Im Gegensatz zum Nordportal wurde das Südportal des Tunnels bei der Sanierung 1999 durch eine Betonverkleidung entstellt.

worden zu sein: Nicht nur die Ausblicke von ihr oder das über sie zu erreichende Ziel sind die Attraktion, die Verkehrsanlage selbst wird zu einem eigenständigen Kulturdenkmal des Reisens auf die Wartburg. Die Wartburgschleife wurde bei verschiedenen Rennveranstaltungen zum Ziel. So heißt es bei einer „Zuverlässigkeitsfahrt" des ADAC zu Pfingsten 1931 im Originalbericht: „Von den 74 Gestarteten erreichten 66 die Wartburgschleife, wo eine Zwangspause von einer halben Stunde eingelegt wurde." (zit. nach Schall 1994, S. 150) Vom lang ersehnten Ziel zur „Zwangspause": Die Bewegung war zum Selbstzweck, einer Schleife ohne Anfang und Ende geworden.

Die *Werrabahn* (Eisenach – Meiningen – Coburg) wurde am 2. November 1858 eröffnet. Der Verlauf der Bahn an der westlichen Grenze des heutigen Denkmalensembles hat sich seitdem nicht verändert. Die Strecke zwischen Eisenach und Marksuhl (dies war bis 1896 die erste Station südlich des Rennsteiges[25]) war ein bewusst gestalteter Bestandteil des Wartburg-Waldparks, sie wurde nicht versteckt, sondern geschickt in die vorhandene Topografie eingepasst und sogar für Besucher erschlossen. Besondere Sehenswürdigkeiten der Bahnlinie waren durch eigens angelegte Wege erreichbar. Neue Aussichtspunkte ermöglichten Ausblicke auf die Strecke wie z. B. vom „Tunnelkopf" am Rennsteig auf den Nordausgang des Bahntunnels und das Tunnelloch. Auch die bearbeiteten Felswände jeweils kurz vor den Tunneleinfahrten waren für „Geognosten" von großem Interesse (vgl. Anonymus 1992, S. 69). Straßendurchführungen, die beiden Tunnelköpfe etc. wurden durch örtliches Material der Landschaft angepasst gestaltet.

In Vorfreude auf die kommende Bahn jubelte das Illustrierte Volks- und Familienblatt aus Gotha schon 1857: „Sind wir erst aus dem Werrathale über den kolossalen Viadukt des Elldathales gebraust, so wird der Zug mittels einem 1200 Fuß langen Tunnel den Hauptrücken des Thüringer Waldgebirges durchstechen, darauf in ein schmales Waldthal auslaufen und von da an schroffen Felsen vorüber in das Hauptthal münden. Hier tritt dann plötzlich die altertümliche Wartburg, die als Thüringens Kern auf dem schönsten Haupte der vor uns liegenden Berge prangt, wie ein verkörperter Gruß des stabilen Mittelalters an die rasch dahinbrausende Gegenwart vor die staunenden Blicke." (zit. nach Anonymus 1992, S. 70)

Forstrat König hatte 1842 sogar vorgeschlagen, die Bahn direkt durch die Mitte des Waldparks Wartburg zu führen, d. h. mit der Bahn den Rennsteig (über die Weinstraße) zu kreuzen und eine erste Station an der Hohen Sonne einzurichten. Dieses Vorhaben wurde jedoch aus Kostengründen und technischen Schwierigkeiten abgelehnt. 1847 wurde die Strecke Halle – Eisenach – Gerstungen fertiggestellt. Man hätte nun die Bahn in Richtung Süden relativ einfach im Werratal fortführen können. Vor allem auf Betreiben von Großherzog Carl Alexander führte man die Strecke jedoch von Eisenach aus westlich an der Wartburg vorbei und unter dem Thüringer Wald hindurch in Richtung Werratal bei Bad Salzungen. Man hielt so die Strecke in Thüringen auf ernestinischem Gebiet (Sachsen-Weimar-Eisenach, Sachsen-Meiningen, Sachsen-Coburg und Gotha) und in der Nähe der Wartburg. Bereits vor der Eröffnung der Bahn wurden im Jahr 1847 13 Stiche mit Ansichten markanter Punkte des Streckenverlaufes veröffentlicht. Hiervon zeigen allein vier Stiche („Wegunterführung bei Eisenach", „Durchstich bei der Wartburg", „Der Tunnel bei Eisenach" und „Wegunterführung und Damm bei Eppichnellen") Landschaftseindrücke mit Eisenbahn aus der Wartburgumgebung (vgl. Anonymus 1992, S. 67).

Sogar auf Ansichtentassen der Zeit um 1850 wurde der „Durchstich bei der Wartburg" schon verewigt, bevor die Strecke überhaupt eröffnet worden war. Der Betrachter sieht u. a. eine Dampflok direkt unterhalb der Wartburg, Strecke und Fahrzeug sind in den Waldpark hineinkomponiert.

Weitere Elemente des Waldparks: archäologische Denkmale, geologische Sehenswürdigkeiten

Zahlreiche archäologische Denkmale befinden sich im Untersuchungsgebiet. Bei der Herausbildung des Waldparks im 19. Jahrhundert wurden die meisten davon bewusst in die Gestaltung und Wegeführung mit einbezogen und – zumindest oberflächlich – erschlossen. Viele dienen gleichzeitig als markante Aussichtspunkte.

Folgende Bodendenkmale sind hierbei zu nennen:

- Wartburg (ab 12. Jahrhundert)
- Burgruine Metilstein (1258)
- Eisenacher Burg (Vorrömische Eisenzeit/12. Jahrhundert)
- Burgstelle Rudolfstein (13. Jahrhundert)
- Elisabethplan (13. Jahrhundert, Mittelalter)
- Velsbachstein (13. Jahrhundert)
- Befestigung Königstein (Neuzeit)
- Befestigung Zimmerburg (Mittelalter)
- Johanniskloster/Johanniskirche (Mittelalter; südwestliches Seitental des Johannistals)

Eine eigenständige neuere künstlerische Zutat innerhalb des Waldparks ist der 2006 von den Landschaftsarchitekten Rentsch & Tschersich aus Chemnitz neu gestaltete Elisabethplan mit dem historischen Elisabethbrunnen. Die befundeten Grundrisse von Klosterkirche und Hospital wurden auf dem Elisabethplan durch Gabionenkörbe nachgezeichnet. Ausstellungstafeln erläutern die Geschichte und Grabungsergebnisse. Der Geschichtsort wird hier durch zeitgenössische Aneignung interpretiert und gleichzeitig, ganz in der Tradition des Waldparks, für den Besucher erschlossen. Im Rahmen der vorliegenden Arbeit kann jedoch nicht auf die einzelnen archäologischen Denkmale eingegangen werden. Es sei deshalb auf die weiterführenden Veröffentlichungen verwiesen, u. a. von der Wartburg-Stiftung (2008) zum Elisabethplan (äußerst detailreich) und von Ostritz (2007) zu den Bodendenkmalen.

Die zahlreichen natürlichen Felsen und Schluchten des Gebietes als Erosionsformen des Oberrotliegenden sind zugleich geologische Sehenswürdigkeiten ersten Ranges. Bei der Aneignung der Landschaft und Umformung in einen Waldpark seit dem Ende des 18. Jahrhunderts spielte sowohl der pittoreske als auch der wissenschaftliche, geognostische (= geologische) Aspekt eine Rolle. „Mönch und Nonne" sind seit Jahrhunderten eine „geologische" Sehenswürdigkeit, die, wie bereits an anderer Stelle erwähnt, schon von Goethe zeichnerisch festgehalten wurde. Geognosten wie Ferdinand Senfft beschäftigten sich im 19. Jahrhundert intensiv mit den geologischen Erscheinungen rund um Eisenach. Aber auch die menschlichen Eingriffe bei der Gestaltung der Landschaft und des Waldparks führten zum Aufschluss geologischer Anschauungsobjekte. Hier sind zu nennen: der Gehauene Stein, die Karlswand (1808), der Staffelbruch[26] (19. Jahrhundert) sowie der alte Ratssteinbruch im Georgental, die Felswände an den Tunneleinfahrten der Werrabahn, der Aufschluss auf der Göpelskuppe (1902) und das Profil an der Wartburgschleife[27] (1929). Diese entstanden einst als „Abfallprodukte", sind aber inzwischen zum festen Bestandteil des Waldparks geworden.

Das Pathos – Prägung des Wartburgumfeldes durch die Memorialkultur der Burschenschaftsbewegung

Die Geschichte der Burschenschaftsbewegung ist seit ihrer Entstehung eng mit der Wartburglandschaft verbunden. Allen voran das im Oktober 1817 begangene Wartburgfest mit Kundgebungen auf der Wartburg und dem Wartenberg, bei dem sich die 1815 gegründete Studentenbewegung erstmals an eine breite Öffentlichkeit wandte, aber auch alle späteren Wartburgfeste (u. a. 1848, 1929, 1948) sowie die regelmäßigen Wartburgfeste der Deutschen Burschenschaft sowie des Wingolfbundes bezogen sich bis heute (2014) immer wieder auf dieses erste und wichtigste Ereignis.

Zum heutigen Denkmalensemble Waldpark Wartburg gehört selbstverständlich der Bereich der seit 1902 durch das markante Burschenschaftsdenkmal (mit zugehörigem Burschenhaus und Ehrenmal) überprägten Landschaft rund um die Göpelskuppe. Die Nähe zur Wartburg und damit auch zum Ort der historischen Bücherverbrennung von 1817 (dem Wartenberg) war – etwa zeitgleich zur Errichtung des Burschenschaftsdenkmals – ebenfalls der Anlass für die Auslobung des „Allgemeinen Wettbewerbs zur Errichtung von Bismarcksäulen" in Deutschland, der schließlich zur Errichtung zahlreicher Bismarcktürme, in Anlehnung an den Siegerentwurf „Götterdämmerung" von Wilhelm Kreis, führte. Dieser nahm mit seiner „Flammenkrone" das Motiv der Bücherverbrennung von 1817 auf. Nach diesem Turmentwurf von Kreis wurde auch der heute zerstörte Bismarckturm auf dem Wartenberg selbst gebaut (zur Geschichte dieser Nationaldenkmäler vgl. ausführlich Schuchardt 1996).

Burschenschaftsdenkmal mit Burschenhaus

Seit 1902 bildet der weithin sichtbare Baukörper des Burschenschaftsdenkmals einen integrativen Bestandteil der Wartburglandschaft und ist – nach der Wartburg – das markanteste Einzelbauwerk mit einer enormen Fernwirkung. Das Gebäude korrespondiert – durch die Höhenlage und die herausgehobene Stellung auf der Göpelskuppe (350 m NN) – mit der rund 2 Kilometer westlich befindlichen Wartburg (410 m NN).

Abb. 75   Eisenach, „Panorama vom Eisenacher Burgberg aus.", 1891. Die Göpelskuppe zeigt sich vor Errichtung des Burschenschaftsdenkmals noch kahl.

Das Pathos – Prägung des Wartburgumfeldes durch die Memorialkultur

Abb. 76   Eisenach, Entwurfsmodell des Burschenschaftsdenkmals, wahrscheinlich 1899

Abb. 77   Eisenach, fertiggestelltes Burschenschaftsdenkmal, um 1902

Schon 1889 wurde als Standort für das schon seit Beginn der 1880er Jahre geplante nationale Denkmal für die Burschenschaftsbewegung, insbesondere die 1866 und 1870/71 gefallenen Burschenschafter die Umgebung der Wartburg gewählt. Ausschlaggebend bei der Standortfindung waren der Geschichts- und Sichtbezug zur Wartburg und die konkrete Einbettung in die Wartburgszenerie.

1890 gründete sich die Vereinigung der „Alten Herren" mit dem Ziel, Geld für das Denkmalprojekt zu sammeln und den Bau voran zu bringen. Einen ersten Entwurf legte der Bildhauer Paul Heiser vor. Er wollte einen Obelisken auf dem Metilstein in unmittelbarer Nähe zur Wartburg errichten. Das Projekt scheiterte jedoch an den Privateigentümern des Metilsteins sowie den enormen Kosten von veranschlagten 150.000 Mark. Nach mehreren Jahren Ruhe wurde 1894 auf dem Eisenacher Burschentag ein „Denkmalsförderungsausschuss" gewählt. Nach einer Anfrage an die Stadt Eisenach bot diese den Burschenschaftern den Wartenberg als Standort an. Dieser war jedoch aus mehreren Gründen bei der Burschenschaft nicht beliebt. Er wurde als zu weit von Stadt und Wartburg entfernt und zu unbewaldet (!) empfunden. Auch scheint die Tatsache eine gewisse Rolle gespielt zu haben, dass auf dem Wartenberg 1817 während des Wartburgfestes von Burschenschaftern Symbole des preußischen, hessischen und österreichischen Militarismus verbrannt worden waren. *Dieser Teil* der Bücherverbrennung auf dem Wartenberg wurde um 1900 eigentlich nicht mehr als Bestandteil der Tradition der Burschenschaften verstanden.

Trotzdem wurde ein Wettbewerb ausgeschrieben, den der königlich-preußische Regierungsbaumeister Oskar Zeyß gewann. Sein Entwurf, eine romantisierende Ruhmeshalle, wurde vom Großherzog Carl Alexander wegen zu großer Ähnlichkeit mit der Wartburg abgelehnt. Das Denkmal sollte sich stilistisch deutlich von der Wartburg abheben. Auch die Kosten wären sehr hoch gewesen. Am 8. Juni 1897 wurde der Grundstein für das Denkmal auf dem Wartenberg gelegt, für April 1898 war der Baubeginn vorgesehen. Viel schien jedoch nicht geschehen zu sein, denn der Grundstein wurde am 6. Oktober 1898 schon wieder versetzt. Nun wurde die Göpelskuppe als endgültiger Standort festgelegt, die Erben des Eisenacher Grundstücks- und Hausbesitzers Dr. Johann Georg Bornemann hatten das Flurstück zur Verfügung gestellt (vgl. hierzu ausführlich Brunner 1991, S. 2 ff.).

Nach dem Zerwürfnis mit Zeyß (u. a. der großherzoglichen Ablehnung seines Entwurfes) sollte ein dritter Wettbewerb initiiert werden. Diesem kam jedoch ein Entwurf des jungen Architekten Wilhelm Kreis[28] zuvor, der 1899 die Zustimmung der burschenschaftlichen Gremien fand. Vom Frühjahr 1900 bis April 1902 wurde endlich gebaut, die feierliche Einweihung des Denkmals auf der Göpelskuppe erfolgte am 22. Mai 1902 (vgl. Lönnecker 2002, S. 10 ff).

Der monumentale Neun-Säulen-Rundbau mit geschlossenem Innenraum ist einer antiken Tholos, d. h. einem Rundtempel mit Cella nachempfunden. Durch überproportionierte Säulen und einen überhöhten Dachaufbau sowie die exponierte Lage auf der Göpelskuppe werden die Außen- und Fernwirkung (sowie auch die Wirkung des inneren Deckengemäldes) stark erhöht. Die bauliche Formensprache eines „antiken" Rundbaues stellt seitdem einen maximalen Kontrast zur Wartburg dar, die, wie auch die gesamte umgebende Landschaft, von den Aussichtsbalkonen der Dachlaterne als „Pendant" des Denkmals betrachtet werden kann.

Auf die detaillierte Baugestalt und Innenausstattung des Gebäudes soll an dieser Stelle nicht näher eingegangen werden. Es sei auf die verschiedenen diesbezüglichen Veröffentlichungen (u. a. Brunner 1991; Lönnecker 2002) hingewiesen.

Das Pathos – Prägung des Wartburgumfeldes durch die Memorialkultur

Abb. 78   Eisenach, Luftaufnahme von Burschenschaftsdenkmal und Burschenhaus, um 1925

Zusammenfassend sei nachfolgend nochmals dargestellt, wie stark die Wartburglandschaft auf das Burschenschaftsdenkmal Einfluss ausübte:

1. Die grundsätzliche Standortwahl: Wartburgnähe, Erinnerung an die Wartburgfeste

2. Die kleinräumliche Standortwahl: Direkter Blickbezug von (und zu) der Wartburg, der erste Standort wurde (nach bereits erfolgter Grundsteinlegung!) wegen zu großer Entfernung zur Wartburg und „Nichtbewaldung" der umgebenden Landschaft verworfen. Das Denkmal sollte offenbar direkt in die – offenbar bereits als Waldpark ausdefinierte – Wartburglandschaft eingebettet werden.

3. Die baukünstlerische Gestaltung des Gebäudes: Der erste Entwurf wurde – wegen zu großer Ähnlichkeit mit der Wartburg – von Großherzog Carl Alexander abgelehnt. Das Denkmal sollte einen gestalterischen Kontrapunkt setzen, was mit der endgültigen Bauform, einem klassischen Rundtempel, auch gelang.

Das bereits in den ursprünglichen Plänen von Wilhelm Kreis vorgesehene „Burschenhaus", eine Tagungs- und Beherbergungsstätte am Burschenschaftsdenkmal, war bereits 1902 genehmigt, wurde jedoch erst 1911/12, ebenfalls nach Plänen von Kreis, begonnen und kriegsbedingt erst 1922 fertiggestellt (vgl. Brunner 1991, S. 8 ff.). 1931 erfolgte die Umgestaltung des Eingangsbereiches und des Dachgeschosses nach Plänen von Prof. Emil Högg (Dresden) und unter Bauleitung von Curt Mergenbaum (Eisenach). 1934 geplante Erweiterungen blieben auf Grund der Auflösung der Deutschen Burschenschaft durch die Nationalsozialisten 1935 aus (vgl. Lönnecker 2002, S. 21). Das Burschenhaus (heute „Berghotel Eisenach") wurde in den 1990er Jahren grundhaft restauriert.

Bemerkenswert ist die landschaftliche Einbindung des Gebäudes: Von der Hauptansichtsseite des Denkmals ist das Burschenhaus seitlich abgerückt und so in die Flanke der Göpelskuppe hineingebaut (!), dass der Blick auf das Burschenschaftsdenkmal nicht gestört wird. Von der Wartburg aus gesehen verschwindet das Burschenhaus optisch vor dem dunklen Baumhintergrund bzw. hinter den Vordergrundbäumen. Man nahm hiermit gleichzeitig Rücksicht auf die Wartburglandschaft und die Wirkung des Burschenschaftsdenkmals. Auch die Baugestalt und Materialwahl sind angepasst. Dies ist kein Zufall, sondern wurde aus Landschaftsschutzbestrebungen im Zuge des Baugenehmigungsverfahrens durchgesetzt (vgl. ausführlich Reiß 2006, S. 63).

Langemarck-Denkmal

1932/33 wurde direkt auf der Denkmalterrasse des Burschenschaftsdenkmals ein Ehrenmal für die im Ersten Weltkrieg gefallenen Burschenschafter integriert. Nach jahrelangen Vorbereitungen entschied im Jahr 1930 eine Preiskommission der Deutschen Burschenschaft unter Vorsitz des Reichsministers Hermann Dietrich (DDP), das auch als „Langemarck-Gedenkstätte"[29] bekannte Ehrenmal nach Entwür-

Abb. 79   Eisenach, Relief (1946 zerstört) von Erwin Dauner am Gedenkstein des Gefallenen-Ehrenmals der Deutschen Burschenschaft, dem sogenannten Langemarck-Denkmal, 1933

fen des Architekten Friedrich Hausser in Zusammenarbeit mit dem Bildhauer Erwin Dauner realisieren zu lassen. Das Relief am Gedenkstein zeigte eine heroisierende Auferstehungsszene.

Aufgrund finanzieller Probleme konnten die Arbeiten erst 1932 beginnen, das Denkmal wurde schließlich Pfingsten 1933 eingeweiht.

Bemerkenswert sind die kunstvolle Implementierung in die vorhandene Terrasse und die axiale Ausrichtung des Denkmals und des Reliefs auf den Eingangsbereich des Burschenschaftsdenkmals, welche gleichzeitig eine Blickbeziehung vom Ehrenhof zur Wartburg zulassen (vgl. Abb. 79). Der monumentale Denkmal-Komplex besteht aus einem abgesenkten „Ehrenhof" mit Umfassungsmauer und einem massiven zentralen Gedenkstein. Die wuchtigen Steinblöcke und großformatigen Platten aus Travertinstein stammten aus dem Steinbruch Gauingen in Württemberg (vgl. Denkmalerhaltungsverein Eisenach e.V. 2014). Das Ehrenmal fügt sich durch die Gestaltung und Materialwahl in die gegebene Freiraumarchitektur des Burschenschaftsdenkmals hervorragend ein, zeigt jedoch in den Details der Formensprache auch die eigenständigen Züge der Erinnerungskultur der 1920er Jahre auf.

1946 wurde das zentrale Reliefbild auf Befehl Nr. 30 des Alliierten Kontrollrates zur „Beseitigung aller den Militarismus verherrlichenden Denkmäler" abgeschlagen. Kurz darauf erfolgte auch die Beseitigung von Inschrift und Wappen (vgl. Lönnecker, S. 2005). Die Wiederherstellung von Schriftzug und Wappen erfolgte 1991/1992, ergänzt um die Jahreszahlen 1939 und 1945. In den Jahren 2009/2010 erfolgte eine umfangreiche Restaurierung durch den Denkmalerhaltungsverein Eisenach e.V. im Auftrag der Deutschen Burschenschaft. Das 1946 beseitigte Relief wurde hierbei jedoch nicht wieder hergestellt.

Bismarckturmwettbewerb und der Bismarckturm auf dem Wartenberg

Der Bismarckturm befand sich nördlich außerhalb des Untersuchungsgebietes auf dem Wartenberg. Der Turm mit direkter Blickbeziehung zur Wartburg (ca. 3,5 km entfernt) hatte, wie letztlich nahezu alle danach errichteten Bismarcktürme[30] auch, eine besondere Verbindung zur Rezeptionsgeschichte der Wartburg-Landschaft. Der allgemeine Bismarckturmwettbewerb fand 1899 in Eisenach statt und sollte die Vorlage für alle künftigen Türme bilden. Der Siegerentwurf stammte vom Architekten Wilhelm Kreis, der kurz darauf auch das Burschenschaftsdenkmal plante. Das Feuer in der Turmkrone nimmt direkten Bezug auf die Bücherverbrennung der Studenten während des Wartburgfestes 1817.[31] Der Eisenacher Turm wurde dann schließlich sogar am Originalort der historischen Bücherverbrennung errichtet, auf dem Wartenberg.

Im Nachfolgenden sei der Werdegang des Bismarckturmwettbewerbes nochmals ausführlicher dargestellt, da er durch die folgende, landesweite Errichtung von Türmen nach dem Vorbild des Siegerentwurfes und damit die Rezeption der Wartburglandschaft direkte und dauerhafte Auswirkungen auf das Landschaftsbild in vielen Regionen Deutschlands hatte.

1899 fand die Preisgerichtssitzung des von der deutschen Studentenschaft ausgelobten Wettbewerbes zur Errichtung von Bismarcksäulen in Eisenach statt. „Am 21. und 22.04.1899 entschied das Preisgericht über die eingegangenen 317 Entwürfe. Als Ausführungsentwurf (1. Platz) wählte es den Entwurf ‚Götterdämmerung' der Architekten Wilhelm Kreis [...] Alle Bismarcktürme/Bismarcksäulen sollten nach diesem Einheits-Entwurf errichtet werden. [...] An Stelle des hier bereits geplanten Burschenschaftsdenkmals wurde hier bis zum Jahr 1902 auf dem noch kahlen Gipfel des Wartenberges das Eisenacher Bismarckdenkmal erbaut. Mit dem Bau des 18 Meter hohen Turmes wurde das Eisenacher Bauun-

Das Pathos – Prägung des Wartburgumfeldes durch die Memorialkultur

Abb. 80 Eisenach, realisierter Bismarckturm auf dem Wartenberg, um 1902

ternehmen Gustav Stein betraut. Die feierliche Grundsteinlegung erfolgte am 2. September 1901. Bauunternehmer Stein legte dicht unterhalb der Baustelle einen kleinen Steinbruch an, um die erforderlichen Kalksteine zu brechen. Ziel war möglichst geringe Transportkosten zu verursachen, doch die Steinqualität war mangelhaft, bereits nach 40 Jahren war der Turm sanierungsbedürftig, was durch den Zweiten Weltkrieg unterblieb. Als die Bismarcksäule am 19. Oktober 1902 eingeweiht werden konnte, waren lediglich 20.000 Mark an Baukosten entstanden. Das Feuerbecken und der Feueraltar vor dem Turm wurden am Eröffnungstag erstmals entzündet." (Jörg Bielefeld, 2007; www.bismarcktuerme.de)

Das Denkmal war im Süden, an der Schauseite zur Wartburg und zur Stadt, mit einem Monumentalrelief verziert. Es zeigte im oberen Bereich einen Reichsadler und im unteren Teil eine Gruppe von demonstrierenden Burschen, die 1817 am Wartburgfest teilnahmen. Auf der Spitze gab es die Aussichtsplattform mit dem Feuerbecken. Von hier gab es eine 360°-Panoramasicht auf die Landschaft um Eisenach mit der Wartburg. Etwas unterhalb entstand später die sogenannte Bismarck-Hütte, ein Ausflugsrestaurant. Durch den Bau der Autobahn am Südhang des Berges wurde der Zugang zum Wartenberg von der Stadt aus erschwert. Während des Zweiten Weltkrieges wurde das Bauwerk beschädigt, blieb jedoch weitgehend intakt. Nach dem Krieg wurde das Gebäude in „Turm der Jugend" umbenannt und sollte zunächst weitergenutzt werden. Nach der verstärkten Abriegelung der innerdeutschen Grenze im Jahr 1961 wurde der Turm 1963 gesprengt, da das Gelände rund um den Turm als Übungsgelände der Grenztruppen genutzt wurde. Einige marginale Turmreste sind bis in die Gegenwart vor Ort zu finden (vgl. hierzu ausführlich Jörg Bielefeld, 2007; www.bismarcktuerme.de).

Aneignungsversuche – Die Wartburglandschaft und die Nationalsozialisten

Im sogenannten Dritten Reich sollten die Wartburg und ihre Umgebung nach dem Willen der Machthaber zu einem „Kulturmittelpunkt des Reiches" werden. Zahlreiche Propaganda-Veranstaltungen und Feiern mit Wartburgbezug fanden statt, wie z. B. 1934 die Lutherfeiern der NS-nahen Deutschen Christen. Der Bau der „Wartburg-Waldbühne" unterhalb des Hainsteins 1932/33 und die frühzeitige Einstellung des dortigen Spielbetriebes 1934 sowie auch die nur äußerst kurzzeitige „Verzierung" des Bergfriedes der Wartburg mit einem Hakenkreuz im Jahr 1938 zeigen, dass die Versuche, die Wartburglandschaft nationalsozialistisch zu vereinnahmen, bereits vor 1945 weitgehend gescheitert waren. Zu den Versuchen der ideologischen Vereinnahmung der Wartburglandschaft in den 1920er und frühen 1930er Jahren äußert sich Justus H. Ulbricht recht ausführlich in seiner 2006 erschienenen Dissertation: „Deutsche Religion" und „Deutsche Kunst" – Intellektuelle Sinnsuche und kulturelle Identitätskonstruktionen in der Klassischen Moderne (S. 116 ff.).

Wartburg-Waldbühne – eine frühe „Thingstätte"

Mit – heute (2014) verwachsener – Sichtbeziehung zur Wartburg liegt am Hang zwischen Helltal und Hainstein eine verfallene Freilichtbühne im Stil eines altgriechischen Theaters. Sie befindet sich knapp außerhalb des festgelegten Ensemblebereichs des Wartburg-Waldparks, innerhalb des Denkmalensembles Predigerberg. Die Spielstätte wurde am 20.04.1933 eingeweiht. Hierüber berichtet die Eisenacher Tagespost am gleichen Tage: „Einweihung Wartburg-Waldbühne am Geburtstag Adolf Hitler. Festreden Oberpfarrer Stier, Hofprediger Keßler (Potsdamer Garnisonskirche), Karl August Walther, Dr. Everling (Berlin), Reichstagsabgeordneter Dr. Decker. Übergabe Waldbühne an künstlerischen Leiter Erbprinz Reuß."

Die Waldbühne ist offenbar die Miniaturausgabe dessen, was Ernst Wachler[32] 1926 in seinem Werk „Eine Maiflur bei Eisenach. Plan eines deutschen Olympia" forderte. Wachler stellte sich den Bau eines Stadions und eines Theaters für Tausende vor, ja es sollte „ein ganzer monumentaler, heiliger Bezirk des Deutschtums", angereichert mit „Ehrenmalen, Tempeln und Altären" entstehen. Dieser größenwahnsinnige Plan konnte sich, vor allem aus Gründen des Schutzes der Wartburglandschaft sowie finanzieller Bedenken, nicht durchsetzen. Größte Einwände diesbezüglich äußerte beispielsweise Hermann Nebe (1878–1961), damaliger Burgwart und späterer Präsident der Wartburg-Stiftung (vgl. ausführlich Ulbricht 2006, S. 128 f.).

Vor diesem Hintergrund, gewissermaßen als schwacher „Abglanz" dieser Idee, wurde 1932/33 die Wartburg-Waldbühne errichtet. Obwohl als „Waldbühne" bezeichnet, ordnet sich die Freilichtbühne stilistisch und programmatisch in die Freianlagen der nationalsozialistischen „Thingbewegung", die nach der „Machtergreifung" 1933 staatlich gefördert wurde, ein. Ja, man muss die Wartburg-Waldbühne wohl als einen Vorläufer und Prototyp der kurze Zeit später als Thingplätze bezeichneten nationalsozialistischen Spielstätten werten: „Es war der aus dem Redaktionsstab des ‚Türmer' unter Lienhard stammende Publizist Karl August Walther, der im Goethejahr 1932 zur nationalen Sammlung blies und ein ‚Ehrenmal für die gefallenen Dichter Deutschlands' als Freilichtbühne zu Füßen der Wartburg forderte. Unterstützt vom Erbprinzen Heinrich XIV [sic!, wohl eher XLV] Reuß aus Gera gelang die Grundsteinlegung für die ‚Wartburg-Waldbühne' noch im selben Jahr." (Ulbricht 2006, S. 136) Walthers Einweihungsrede für die Waldbühne als „Werk der kulturellen Selbsthilfe" endete mit den Worten: „Wenn im Befreiungskampf des deutschen Volkes aus Sorge, Not und vaterländischer Bedrängnis Kunst und Künstler berufen sind, uns durch die Geistesmacht ihrer Werke zu erheben und zu stärken, so soll die Wartburgwaldbühne eine Stätte werden, an der wir wieder Hoffnung und Lebensmut im täglichen Dasein atmen, an der wir unseren Glauben aufrichten an Deutschlands Zukunft." (zit. nach Ulbricht 2006, S. 319)

Trotz der direkten ideologischen Nähe zum Nationalsozialismus schlug der Betrieb der Waldbühne, wie etwas später auch die gesamte Thingbewegung der NS-Zeit, fehl. „War laut Satzung der Stiftung Wartburgwaldbühne ursprünglich beabsichtigt, diese selbst als ‚Ehrenmal der gefallenen Dichter Deutschlands' zu nutzen, so existierten weitergehende Pläne für eine eigene Ehrenhalle, in der Namenstafeln ‚deutscher Dichter' an deren Werk erinnern sollten. Doch schon nach kurzer Zeit scheiterte das Gesamtprojekt ökonomisch, trotz der finanziellen Hilfeversuche Hans Severus Zieglers, mit der Freilichtbühne einen ‚Lebensraum für Künstler deutscher Art und deutschen Blutes zu schaffen'. Die ‚Stiftung Wartburg-Waldbühne', zu der die ‚Wartburg-Stiftung' trotz aller ideologischer Gemeinsamkeiten immer in Distanz geblieben war, wurde bereits im Mai 1934 aufgehoben und ihr Vermögen liquidiert; dabei kamen Walthers unorthodoxe Geschäftsmethoden ans Licht, die vor allem die Eisenacher Handwerker schädigten. Spätere Versuche, die Waldbühne selbst in die Obhut der ‚NS-Kulturgemeinde' zu geben, scheiterten 1935 ebenso wie die Initiative des Eisenacher Stadttheater-Intendanten Willie Schmidt, die Festspiele mithilfe der ‚Kulturgemeinde' neu zu beleben. Im letzten Kriegsjahr dann wurde das verbliebene Inventar der Bühne demontiert." (Ulbricht 2006, S. 319)

Aneignungsversuche – Die Wartburglandschaft und die Nationalsozialisten

Abb. 81   Eisenach, Thing-Spiel auf der Wartburg-Waldbühne, 1934

Die offizielle „Thingbewegung" des NS-Regimes wurde 1933 gegründet und schon 1935 von höchster Seite wieder eingestellt. Geplant waren rund 700 Thingplätze, realisiert wurden letztendlich rund 70. Von da an wurden keine neuen Thingstätten mehr errichtet und später auch der Begriff „Thingplatz" durch andere Namen wie Waldbühne, Freilufttheater, Naturbühne etc. (wieder) ersetzt. Rundfunk und Film waren offenbar das weitaus bessere Propagandainstrument als die teilweise recht altertümlichen Singspiele und darüber hinaus nicht so wetteranfällig wie die Veranstaltungen unter freiem Himmel (vgl. Rimbach 2009, S. 301). Charakteristisch war die Einfügung der realisierten Thingstätten in die Landschaft und die Einbeziehung der Umgebung. Die von 1933 bis 1935 errichteten Thingplätze wurden allgemein zumeist etwas abseits der Siedlungen angelegt. 1934 sah Hans Brandenburg, der geschäftsführende Vorsitzende des Reichsbundes für deutsche Freilicht- und Volksschauspiele, in „Die Gartenkunst" das Spiel auf der Freilichtbühne, ohne eigentliches Bühnenbild „unter dem freien Himmel, statt zwischen Requisiten zwischen Bäumen und Felsen, statt vor Pappkulissen vor ehrwürdigen Mauern" als Mittel, „all sein Tun und Wesen und auch sein Spiel ins Kosmische einzuordnen" (zit. nach Rimbach 2009, S. 301). Die Wartburg-Waldbühne Eisenach verkörpert geradezu idealtypisch diese Vorstellungen einer perfekten Thingstätte vor dem Hintergrund der ehrwürdigen Mauern der Wartburg. Trotzdem scheiterten die NS-Spiele, wie bereits dargestellt, schon 1935, der Spielbetrieb wurde eingestellt (vgl. Ulbricht 2006, S. 319). Eine kurze „Renaissance" erlebte die Waldbühne zu Beginn der 1950er Jahre. Ein Hauptproblem war offenbar die (zu) schattige Lage der Bühne (vgl. Mähler/Weigel 1985, S. 33).

Hakenkreuz oder christliches Kreuz?

Auch physisch und symbolisch versuchten die neuen Machthaber die Wartburglandschaft in Besitz zu nehmen. Im Oktober 1935 führte Rudolf Hess eine Gruppe von 300 „alten Kämpfern" auf einer Tour durch Thüringen. Hierbei besuchte man auch die Wartburg und das Annatal mit Drachenschlucht (vgl. Schilling 2010, S. 77; es existieren auch verschiedene Fotos im Stadtarchiv Eisenach).

Die Wartburg-Stiftung sollte auf „Führerprinzip" umgestellt und das demokratische Prinzip beendet werden. Es gelang jedoch trotz mehrerer Anläufe nicht, die Satzung zu kippen. Trotzdem fanden natürlich verschiedene NS-Propagandaveranstaltungen auf der Burg statt (vgl. Schilling 2010, S. 76). Im Bereich der Helltalwiesen sollte ein „deutsches Reichsehrenmal" mit der Wartburg im Hintergrund entstehen. Auch dieser Plan wurde schließlich ad acta gelegt (vgl. Reiß 2006, S. 59).

Völlig unbeschränkt handeln konnten die Machthaber auf der Wartburg offenbar nicht. Dies zeigt ein weiterer – letztendlich ebenfalls misslungener – Versuch der nationalsozialistischen Aneignung der Wartburglandschaft: der Austausch des christlichen Kreuzes der Burg gegen das Hakenkreuz im Jahr 1938: „Auf der Wartburg bei Eisenach ließ Nazi-Statthalter Fritz Sauckel das fünf Meter hohe Kreuz auf dem Bergfried in 411 Meter Höhe über dem Meeresspiegel durch ein noch größeres Hakenkreuz ersetzen. Als ‚Siegeszeichen' sollte es weithin sichtbar vom Anschluss Österreichs an Nazideutschland künden. [...] Das Hakenkreuz auf der Wartburg musste übrigens schon nach drei Tagen wieder abgebaut werden[33]. Wer damals in Berlin ‚die Wiederherstellung des alten Zustandes auf der Wartburg' anordnete, ist nicht überliefert. Aktenkundig sind massive Proteste in der Wartburgstadt. Stellvertretend für viele schrieb damals Pastorin Adelheid Eitner vom Evangelischen Frauenwerk, ‚die so plötzliche Entfernung des Christenkreuzes' habe in der Bevölkerung Eisenachs eine ‚innere Beunruhigung' ausgelöst." (Bickelhaupt 2010) Alles unter ihren totalitären Anspruch, wortwörtlich „unters Hakenkreuz", zu zwingen gelang den Nationalsozialisten nicht. Vor der Größe der Wartburg, ihrer Geschichte und ihrer Landschaft mussten sogar sie kapitulieren.

Zur gegenwärtigen Situation des Wartburg Waldparks

Die ästhetisch motivierten Gestaltungsimpulse kurz vor bzw. kurz nach dem Ersten Weltkrieg (u. a. Burschenschaftsdenkmal 1902, Neubau Hohe Sonne 1905) sind noch dem sogenannten langen 19. Jahrhundert zuzurechnen. Am Metilstein wurde, im Zuge der Wiederentdeckung der Körperkultur sowie der Spiel- und Sportbewegung in der Reformzeit zu Beginn des 20. Jahrhunderts, im Jahr 1902 ein „Licht- und Luftbad" (später Standort eines DDR-Ferienobjektes, heute Ruine) eingerichtet. 1912 folgte in der Nähe, unterhalb des Roese-Steins, eine städtische Rodelbahn (vgl. Mähler/Weigel 1985, S. 33). Die bewusste, künstlerische Aneignung des Wartburg-Waldparks lief in den 1920er und 1930er Jahren aus (u. a. Wartburgschleife 1929/30; Ehrenmal am Burschenschaftsdenkmal 1932/33, Kanterbank 1936).

Wie bereits dargestellt, scheiterten die Aneignungsversuche der Nationalsozialisten weitgehend. In der „kommoden Diktatur" der DDR sorgte man sich zwar sehr intensiv um das Bau- und Geschichtsdenkmal der Wartburg, unterließ es jedoch im Waldpark rund um die Burg sichtbare künstlerische Spuren zu hinterlassen. Für die Gestaltung des Waldparks rund um die Wartburg brachte das gesamte 20. Jahrhundert ab der Mitte der 1930er Jahre demzufolge keine weiteren künstlerisch motivierten Impulse, verursachte aber auch kaum, von einigen Einzelelementen abgesehen, tiefgreifende Verluste an Denkmalsubstanz. Hier und da wurden Kleingartenkolonien zugelassen (z. B. im Haintal und Johannistal), der eine oder andere Zweckbau eingefügt (z. B. auf der Sängerwiese), auch Sichten wucherten zu, manches fiel in „Dornröschenschlaf" (z. B. die Hohe Sonne), aber zielgerichtet und grundsätzlich zerstört wurde mit der Ausnahme der (inzwischen wieder nahezu revidierten) Teilzerstörung des Burschenschaftsdenkmals und des dortigen Ehrenmales fast nichts. Nach der Wiedervereinigung setzte ein ungeheurer Ansturm auf die Wartburg, neben dem Brandenburger Tor eines der wichtigsten Einheitssymbole, ein. 1999 erfolgte die Ernennung der Wartburg zum Weltkulturerbe.

Im Zuge der 3. Thüringer Landesausstellung „Elisabeth von Thüringen. Eine Europäische Heilige" im Jahr 2007 auf der Wartburg wurde der Elisabethplan neugestaltet und hierbei archäologische Grabungsergebnisse durch zeitgenössische freiraumplanerische Mittel sichtbar gemacht (Landschaftsarchitekten Rentsch & Tschersich, Chemnitz). Dies war nach sehr langer Pause wieder eine künstlerisch-gestalterische Auseinandersetzung mit der Wartburglandschaft.

In unserer heutigen Zeit werden am liebsten möglichst große Infrastruktur- und Verkehrsprojekte geplant und gebaut. So wird gegenwärtig ein Schrägaufzug bzw. ein Elektrobussystem diskutiert, mit dem Besucher im Reformationsjubiläumsjahr 2017 auf die Wartburg gebracht werden sollen. Auf der anderen Seite wird die östliche Verlegung der B 19 (der ehemaligen Nürnberger Straße) geplant. Bei einer Umsetzung würden der östliche und südliche Teil des historischen Waldparks (Ruhlaer Forst und Wilhelmsthal) erheblich beeinträchtigt, der zentrale Teil (Mariental, Annatal, Drachenschlucht) jedoch entlastet. Im Jahr 2014 wurde der bisher „nur" geschotterte Parkplatz an der Hohen Sonne auf dem Gebiet der Stadt Eisenach, d. h. im Denkmalensemble Waldpark auf Kosten des Wartburgkreises mit einer schwarzen Asphaltdecke versiegelt.

Die Wartburglandschaft ist über die Jahrhunderte zum Spiegel der deutschen Geschichte geworden, jede Gruppe möchte in ihr das erblicken, was sie zu sehen wünscht. Eine vollständige Eigeninterpretation der Wartburgrezeptionsgeschichte gelang bisher keiner Interessengruppe; so konnte Großherzog Carl Alexander nicht die Burschenschaftsbewegung ausblenden, die Burschenschafter der Zeit um 1900 nicht die humanistischen Ideale des 1. Wartburgfestes von 1817, die Nationalsozialisten nicht die christliche Tradition, die späte DDR nicht das Einheitssymbol, die Katholiken nicht Martin Luther und die Lutheraner nicht die Heilige Elisabeth.

Schutzstatus

Der Denkmalschutz wurde seit dem Ende des 19. Jahrhunderts schrittweise von der Burg auch auf deren Umgebung, die Villengebiete und bis in die Gegenwart schließlich auf einen Teil des historischen Waldparks ausgedehnt.

Die Wartburg selbst ist als Einzeldenkmal ausgewiesen und seit 1999 in die UNESCO-Liste des Welterbes eingetragen. In der Ausweisung der UNESCO wird fast ausschließlich Bezug auf die Wartburg als Gebäude genommen. Trotzdem findet sich in der nur aus zwei (!) Sätzen bestehenden „Brief description" der folgende Passus: „Wartburg Castle blends superbly into its forest surroundings and is, in many ways 'the ideal castle.' Although it contains some sections of great antiquity, the outline it acquired in the course of 19th century reconstitutions is a splendid evocation of what this fortress might have been at the peak of its military and seigneurial power." (World Heritage Centre Documentation Unit Reg. Nr. 897, Date 25-6-98, Copy 3) Aus der Welterbeausweisung leitet sich kein Schutz für den Waldpark ab, der über einen bloßen Umgebungsschutz hinausginge. In der zur

Ausweisung gehörenden Karte ist lediglich das unmittelbare Burgumfeld, der im Obhut der Wartburg-Stiftung befindliche Bereich, als Gebietsumgriff gekennzeichnet.

1902 und – leicht verändert – 1929 wurde die bis heute (2014) im Wesentlichen gültige „Blaue Linie", ursprünglich eigentlich „Baugrenze gegen die Wartburg" festgelegt. Dies ist eine Bauverbotslinie, welche die weitere Ausdehnung des Südviertels in Richtung Wartburg verhindern sollte (vgl. ausführlich Reiß 2006, S. 54 ff.). Hain- und Helltal blieben dadurch – weitgehend – frei von Bebauung. Die angrenzenden Villengebiete Predigerberg, Karthäuserhöhe, Marienhöhe, Mariental und zuletzt (2011) ein großer Teil des historischen Waldparks wurden als Denkmalensemble formal unter Schutz gestellt.

Der Wartburg-Waldpark ist als eigenständiges Denkmalensemble seit 2011 in das Denkmalbuch des Freistaates Thüringen eingetragen (INV/016/11). Gleichzeitig ist der Waldpark auch ein Teil der Umgebung des Kulturdenkmales „Wartburg" und daher zusätzlich schutzwürdig. Nach dem Thüringer Gesetz zur Pflege und zum Schutz der Kulturdenkmale (Thüringer Denkmalschutzgesetzt – ThürDSchG) definieren sich Kulturdenkmale wie folgt: „(1) Kulturdenkmale im Sinne dieses Gesetzes sind Sachen, Sachgesamtheiten oder Sachteile, an deren Erhaltung aus geschichtlichen, künstlerischen, wissenschaftlichen, technischen, volkskundlichen oder städtebaulichen Gründen sowie aus Gründen der historischen Dorfbildpflege ein öffentliches Interesse besteht. Kulturdenkmale sind auch Denkmalensembles (Absatz 2) und Bodendenkmale (Absatz 7)."

Wald- und Forstnutzung

Die wichtigste und sinnstiftende (!) Nutzung innerhalb des Denkmalensembles „Wartburg Waldpark" ist die Forstwirtschaft. Der allergrößte Teil des Waldparks wird als Forstfläche genutzt und besteht gegenwärtig zumeist aus Hochwald. Die Forstwirtschaft wird vom ThüringenForst AöR, Forstamt Marksuhl betrieben. Im Bereich der drei historischen Lehrforste Eisenach, Wilhelmsthal und Ruhla gibt es zur Zeit vier Forstreviere: Eisenach, Wilhelmsthal, Wartburg und Ruhla.

Pflege und wirtschaftliche Nutzung des Waldbestandes, die Unterhaltung des dichten Wegesystems sowie die Pflege der Aussichtspunkte sind die drei wesentlichen Gestaltungsmittel. Die zahlreichen Wege des Waldparks werden auf Betreiben der Forstverwaltung, teilweise mit sehr erheblichem Aufwand, wie z. B. in der Drachenschlucht und Landgrafenschlucht, in Stand gehalten. Auch viele der historischen Sichten, u. a. z. B. der Durchblick von der Hohen Sonne, werden seit Jahren gepflegt. Gleiches gilt für die uralten „Gedenkbäume", die sich in den Revieren bis heute erhalten haben. Auch die Art der Bewirtschaftung der Wälder erfolgt behutsamer, auf großflächige Kahlschläge wird verzichtet. Gegenwärtig erfolgt verstärkt ein Waldumbau von der Fichte weg zur Buche.

Probleme könnten sich aus der Nutzungsauflassung in Teilbereichen des Forstes ergeben. 2010 wurde von der Thüringer Landesregierung thüringenweit ein Nutzungsverzicht von mehreren tausend Hektar Wald beschlossen: „Ziel des ThüringenForst ist ein Nutzungsverzicht auf 25.000 ha Wald im gesamten Bundesland Thüringen. Gekoppelt ist dies mit einem naturnahen Waldumbau auf mindestens 100.000 ha." (TMLFUN 2012, S. 24) Um dieses Ziel zu erreichen wurden auch „größere zusammenhängende Waldgebiete von insgesamt 387 Hektar Staatswald […] im Oktober 2011 im Bereich Wartburg-Landgrafen- und Drachenschlucht bei Eisenach aus der Nutzung genommen." (TMLFUN 2012, S. 24) Von diesem Nutzungsverzicht sind hauptsächlich generell schwierig forstwirtschaftlich zu nutzende Bereiche, wie Felspartien und Schluchten betroffen, die zumeist auch von besonderem denkmalpflegerischen Interesse sind. Zur Kennzeichnung dieser Bereiche wurden diese vor Ort mit der Beschilderung „Totalreservat" versehen. Auf den Warnschildern heißt es: „Thüringer Forstamt Marksuhl. Totalreservat. Liebe Waldbesucher, dieses Waldstück liegt in einer Totalreservatszone. Das bedeutet, dass hier keine forstliche Bewirtschaftung mehr erfolgt und kranke und abgestorbene Bäume im Naturkreislauf verbleiben, denn totes Holz ist ein wertvoller Lebensraum für viele Tiere und Pflanzen. Gleichzeitig besteht dadurch eine höhere Gefährdung durch umstürzende Bäume und herabfallende Äste. Gemäß § 6 Thüringer Waldgesetz erfolgt das Betreten des Waldes auf eigene Gefahr! ThüringenForst Anstalt des öffentlichen Rechts. Freistaat Thüringen."

Im Gebiet sind derzeit u. a. folgende Totalreservate (totales Nutzungsverbot) ausgewiesen:

- Metilstein (neu)
- Drachenstein (neu)
- Sängerstein/Waidmannsruhe (neu)
- Bereich Waldbühne (neu)
- Finstres Loch (neu)
- Ludwigsklamm (neu)
- Rudolfstein (neu)
- Landgrafenschlucht (neu)
- Annatal/Drachenschlucht (neu)
- Haintal/Hainstein (neu)
- Viehburg (seit 1959)
- Rinnberge/Steinbächer (seit 1959)

Zur Erhaltung des Waldparkcharakters muss jedoch gerade in einigen, jedoch nicht in allen dieser Bereiche auch eine forstwirtschaftliche Behandlung – nach den von den Forsträten König und Grebe entwickelten forstästhetischen Grundprinzipien – möglich sein.

So stellt die künftige Nichtbewirtschaftung z. B. innerhalb der Drachenschlucht, der Landgrafenschlucht und der Ludwigsklamm, mit der Ausnahme des notwendigen Erhalts der Wege, kein denkmalpflegerisches Problem dar. Anders verhält es sich jedoch z. B. bei historischen Aussichtpunkten innerhalb der Totalreservate; hier könnte die Nutzungsauflassung – zumindest mittelfristig – zum (weiteren) Zuwachsen von Sichten führen, z. B. am Metilstein, Drachenstein und an der Waidmannsruhe. Einige historische Sichten innerhalb dieser neuen Totalreservate sind schon seit einigen Jahren zugewachsen, wie z. B. am Rudolfstein oder am Sängerstein (Sänger- und Kanterbank). Hier müsste nach denkmalpflegerischer Maßgabe ein Aushauen zur Freilegung von Blicken erfolgen.

Wichtige Kernziele innerhalb des Denkmals, d. h. auch innerhalb der Totalreservate, sind der Unterhalt der Wege und das Freihalten von Sichten. Beides ist nach Angaben der Forstverwaltung weiterhin möglich. Nach Auskunft des Leiters des Forstamtes Marksuhl, Ansgar Pape, werden die gesamten Wege – auch innerhalb der Totalreservate – weiterhin für Wanderer und Spaziergänger freigehalten. Der Hinweis auf herabfallende Äste und umstürzende Bäume beziehe sich lediglich auf die grundsätzlich erhöhte Gefahr auf Wegen innerhalb dieser unbewirtschafteten Bereiche (Pape, mdl. 2014). Dies bestätigte der Forstamtsleiter auch gegenüber der Thüringer Allgemeinen: „Prinzipiell sei der Holzeinschlag auch in Totalreservaten erlaubt. Pape: ‚Das wird sogar gefordert.' Als Beispiel führte er den Waldumbau von Nadel- auf Laubholz an. Also weg von der Fichte und hin zur Buche. Außerdem sei die Wegesicherung wichtig." (Kleinschmidt 2014)

Infrastruktur, touristische Erschließung, Informationssystem

Das Gebiet wird von zahllosen Spazier- und Wanderwegen durchzogen, welche zum Teil auch als forstwirtschaftliche Wege genutzt werden und in Ausnahmefällen auch von privaten PKWs befahren werden dürfen (z. B. zur Erschließung der Gebäude auf der Sängerwiese und im Bereich der Hohen Sonne). Durch befestigte Straßen werden das Johannistal und der Bereich der Wartburg (Wartburgschleife) sowie das Burschenschaftsdenkmal/Burschenhaus angebunden. Die Werrabahn bildet den westlichen Gebietsabschluss.

Die Haupterschließung für den PKW-Verkehr erfolgt über die, das Gebiet durchquerende Bundesstraße 19, welche in ihrem historischen Verlauf (s. auch Kapitel „Passstraße von Eisenach nach Wilhelmsthal") ebenfalls als denkmalkonstituierender Bestandteil zu sehen ist. Grundsätzlich führt die B 19 auf Grund ihres hohen Verkehrsaufkommens zu einem starken Lärmeintrag. Auf Grund der hohen Verkehrsdichte wird die B 19 in der heutigen Nutzung meist nur im Bereich der Hohen Sonne und im Bereich der Stellplätze im Mariental fußläufig überquert. Auf eine Querung an anderen Stellen, wie z. B. noch im Plan von Issleib in Schwerdt/Jäger 1871 wird heute, auch in den offiziellen Wanderwegkarten, zumeist verzichtet.

An der B 19 bestehen an der Hohen Sonne (am südlichen Rand des Untersuchungsgebietes) und am südlichen Ende des Marientals/Beginn des Annatals (Drachenschlucht) unmittelbar für Waldparkbesucher eingerichtete PKW-Stellplätze. Weiterhin wurden zur direkten Erschließung der Wartburg (Pendelbusse) zahlreiche Parkplätze im Mariental eingerichtet, welche auch von Besuchern des Waldparks genutzt werden. Die Parkplätze an der Wartburgschleife werden bevorzugt von Besuchern der Wartburg genutzt; sie sind jedoch häufig überfüllt, so dass die Besucher auf die Parkplätze im Mariental ausweichen müssen.

Das gesamte nördlich tangierende Stadtgebiet von Eisenach ist an das Wanderwegenetz der Wartburg eingebunden. Zahlreiche Wanderwege führen von der Stadt zur Wartburg, vom Marientaler Villenviertel in den Waldpark. Insgesamt ist der Waldpark Wartburg auch ein wichtiges und stark frequentiertes Naherholungsgebiet der Eisenacher Bevölkerung.

Im Bereich südlich des Rennsteiges führen zahlreiche historische Wanderwege nach Wilhelmsthal. Auf Grund der zunehmenden Bedeutung von Wilhelmsthal als touristisches Ziel werden die bereits jetzt recht gut frequentierten Wanderwege sicherlich weiter in ihrer Bedeutung wachsen. Nicht vernachlässigt werden darf die Anbindung des Waldparks Wartburg an die angrenzenden Ortschaften Mosbach und Ruhla im Osten und Wolfsburg-Unkeroda im Südwesten, zu denen sich ein ähnlich dichtes Wegenetz – wie auch im engeren Waldpark – fortsetzt. Der Rennsteig als einer der großen Fernwanderwege verläuft entlang der südlichen Grenze des Denkmalensembles Waldpark Wartburg. Viele Rad- und Fußwanderer erschließen sich den Waldpark von dieser West-Ost-Achse aus, wobei insbesondere die Parkplätze an den Rennsteigquerungen genutzt werden: an der B 84, auf der Hohen Sonne (B 19) sowie am Waldgasthaus Hubertus an der sogenannten „Gollert" (Kreisstraße Etterwinden – Ruhla). An den ÖPNV ist der Waldpark Wartburg ebenfalls angebunden. Die KVG-Eisenach bietet drei Linien an: a.) Hauptbahnhof – Mariental, b.) Hauptbahnhof – Mariental/Wartburgallee – Wartburg und c.) Hauptbahnhof – Hohe Sonne – Wilhelmsthal.

Gegenwärtig besteht eine verwirrende Vielfalt verschiedener konkurrierender Wegebeschilderungen und örtlicher Informationstafeln. An manchen besonderen Punkten bekommt der Besucher unterschiedlich tiefgründige Informationen – an manchen gar keine. Manche Wege sind gut ausgeschildert, manche überhaupt nicht. Einige Schilder sind über 20 Jahre alt, einige neu.

Zahlreiche moderne „Themenwege" mit eigenen Markierungen durchqueren den Waldpark, es gibt u. a. den:
- Lutherweg (mehrere Teilwege in Bayern, Sachsen, Sachsen-Anhalt und Thüringen)
- Ökumenischen Pilgerweg (von Vacha nach Görlitz)
- Pummpälzweg (vom Frankenstein bei Bad Salzungen zur Wartburg)
- Internationalen Bergwanderweg der Freundschaft (Eisenach – Budapest, EB)
- Triniusweg (Kissel – Eisenach)
- Naturlehrpfad „Gottlob König" (größtenteils verfallen)

Hinzu kommen noch einige Rundwanderwege und farblich markierte Wanderwege.

Grundsätzlich muss festgestellt werden, dass ein der historischen Bedeutung des Wartburg-Waldparks und seiner kulturellen und landschaftlichen Besonderheiten adäquates Informationssystem dringend notwendig ist. Eine ganzheitliche Vermarktung des Waldparks rund um die Wartburg und seiner Besonderheiten durch ein Faltblatt, thematische Rundwanderwege etc. oder gar ein elektronisches System existiert nicht.

Bestandsbewertung

Der Wartburg-Waldpark ist ohne Zweifel aus geschichtlichen und künstlerischen, aber auch aus wissenschaftlichen (u. a. ehemalige Lehrforste der Forstschulen), technischen (u. a. Erschließung der Schluchten, Integration der Werrabahn); volkskundlichen (u. a. Flurnamen, Sagen) und städtebaulichen (u. a. Definition der Stadtgrenze/landschaftliche Einfügung der Wartburg) Gründen ein einzigartiges Kulturdenkmal von europäischem Rang.

1. Der vom Beginn des 19. bis zur Mitte des 20. Jahrhunderts entstandene Waldpark ist mit seinen wesentlichen denkmalkonstituierenden Elementen ohne größere Substanzverluste bis heute erhalten geblieben.
2. Die Einzelelemente spiegeln die jeweilige epochenspezifische Rezeptionsgeschichte der Wartburg und der zugehörigen Landschaft (und umgekehrt) wider bzw. wurden als ältere Kulturlandschaftszeugnisse mit in den entstehenden Waldpark einbezogen und teilweise neu interpretiert.
3. Die forstästhetische Waldbehandlung als ein besonderes Denkmal der Forstgeschichte ist noch heute ablesbar. Als ein übergeordnetes Prinzip verband sie das Schöne mit dem Nützlichen. Eine nachhaltige Waldnutzung, die Aspekte der Kulturlandschaftspflege, des Naturschutzes und ästhetischen Inszenierung der Landschaft wurden mit wirtschaftlichen Aspekten vereint.
4. Waldpartien, Bauwerke, Täler, Felsschluchten, Felsformationen, Aussichtsplätze und archäologische Zeugnisse werden durch „Kunstwege" und Sichten zu einem harmonischen Ganzen verbunden. Das extrem dichte Wegenetz ist nahezu vollständig erhalten geblieben.
5. Teilweise ist die ursprüngliche Gestaltungsidee durch Vernachlässigung/Sukzession (v. a. bei Aussichtspunkten und Wiesenbereichen) oder auch störende Einbauten (z. B. Kleingärten in ehemaligen Wiesenbereichen) verunklärt.
6. Die Denkmalsubstanz ist im Wesentlichen intakt und kann ohne größere Eingriffe in Wert gesetzt werden.

Störungen, Beeinträchtigungen und potentielle Gefahren

Um das Gesamtkunstwerk Waldpark langfristig erhalten zu können, müssen die gegenwärtigen Störungen, Beeinträchtigungen und potentiellen Gefahren für die Denkmalsubstanz analysiert werden. Nachfolgend werden diese aufgelistet:

Innerhalb des Waldparks
- Weitere Verfestigung der Kleingartenkolonien zu Wochenendhaussiedlungen bzw. Wohngebieten (v. a. im Johannistal)
- möglicher Verlust des Einzeldenkmals „Hohe Sonne"
- Zuwachsen von Aussichten und Felspartien
- Sukzession von Offenlandbereichen (v. a. im Hain- und Helltal sowie Johannistal)
- Substanzverluste bei Kleindenkmalen (u. a. durch Verwitterung, Vandalismus)
- Verlanden von Teichen

Innerhalb des gesamten Denkmalbereiches Wartburg, Wartburg-Waldpark und Eisenacher Südviertel
- Störung der Nahsichtverbindungen durch bauliche Nachverdichtungen in den Villengebieten, insbesondere im Mariental
- Optische Beeinträchtigung durch Infrastruktureinrichtungen, z. B. den geplanten Schrägaufzug zum Burginnenhof

Außerhalb des gegenwärtigen Denkmalbereiches
- Störung von Fernsichten (auch über die Grenzen des historischen Waldparks hinaus) durch technische Einbauten, z. B. durch Windkraftanlagen, Solarparks etc.
- Beeinträchtigungen durch die geplante Verlegung der B 19 nach Osten

Zielstellung/Perspektiven

Gegenstand des Denkmalschutzes im Denkmalensemble Waldpark Wartburg[34] sind vor allem die forstästhetischen Maßnahmen, Wegeführungen, Plätze, Sichten, Felsbildungen und die im Gebiet zahlreich vorhandenen Kleindenkmale – oft Denkmäler im eigentlichen Sinne – sowie die Einzeldenkmale.

Die ästhetische Waldbehandlung nach den von Gottlob König formulierten Grundsätzen sollte Grundlage der gegenwärtigen und künftigen forstwirtschaftlichen Maßnahmen im Waldpark sein. Die Forstwirtschaft ist ein langfristiger, aber auch ein dynamischer Prozess, der auf wirtschaftliche und ökologische (z. B. auch klimatische Entwicklungen) reagieren muss. Das über 150 Jahre alte, von König entwickelte Programm der ästhetischen Waldbehandlung lässt jedoch gerade diese Flexibilität ausdrücklich zu. Diese Grundsätze können mit wenigen Ausnahmen auch in Gegenwart und Zukunft angewandt werden, ohne auf konkrete Baumarten, Umtriebszeiten etc. festgelegt zu sein. Die Grundsätze sind fast alle erstaunlich aktuell: „Mäntel der Waldbestände [sind] geschlossen und begrünt zu erhalten" [...] „des Waldes Kronenschluss [ist] vor unwirtschaftlichen Lücken in Acht zu nehmen", „alle Aushiebe der Bestände müssen allmählich geschehen"; „seltene, besonders große, herrliche Bäume und Bestände sollte man erhalten, so lange als möglich"; an „Felspartien die einzelnen Bäume als Zierde lassen"; „an freien Plätzen schöne selbständige Baumgruppen bilden"; zu gleichartige Bestände „durch manche andersartige Bäume vorteilhaft" unterbrechen; „Nadelwald [...] mit Laubholz und [...] Laubwald mit Nadelholz nützlich mischen und heben" und so weiter. Kurz: Der nachhaltig-ästhetische Forstbetrieb als ein dynamischer Prozess ist Denkmalgegenstand. Der Einzelbaum – mit Ausnahme von Gedenkbäumen – ist nicht Denkmalgegenstand. Im Gegensatz zur „klassischen" Gartendenkmalpflege ist nicht Art, Sorte und Standort der Bäume entscheidend, sondern die Anwendung der forstästhetischen Prinzipien – relativ unabhängig vom konkreten Standort.

Das statische Moment innerhalb des Denkmalensembles „Waldpark Wartburg" wird durch die Wegeführungen, Plätze, Sichten, Offenlandbereiche, bearbeitete Felspartien sowie die Kleindenkmale definiert. Diese sind im „klassischen" denkmalpflegerischen Sinne instandzuhalten, zu konservieren und ggf. zu restaurieren.

Kernziele

Ebene 1 Der Waldpark des 19. und frühen 20. Jahrhunderts (= Referenzzeitschicht) als Maßstab für die landschaftliche Wiederherstellung, Entwicklung und Forstbehandlung

Ebene 2 Schutz und Pflege der Kulturlandschaft rund um die Wartburg mit allen denkmalwürdigen Zeugnissen

Ebene 3 Schutz und Erhalt der Fernbezüge in die Landschaft

Ebene 4 Forschung und Restaurierung

Grundsätze/Kernmaßnahmen

A. Forstwirtschaft nach wirtschaftlichen, wissenschaftlichen und ästhetischen Prinzipien (Ebene 1)

- Der Betrieb der Forstwirtschaft im Waldpark nach ästhetischen Prinzipien ist das entscheidende denkmalkonstituierende Element des Waldparks.
- Ohne Forstbewirtschaftung kann es keinen Waldpark geben.
- Ziel der Entwicklung des Waldparks Wartburg muss die integrative Bewirtschaftung des gesamten Waldparks mit tradierendem Bezug zu den Gestaltungsprinzipien Gottlob Königs und seiner Nachfolger sein.
- Erhalt und Unterhalt des Wegenetzes des Waldparks (siehe Punkt C)
- Freihalten bzw. Teilwiederherstellung von Wiesen- oder Offenbereichen
- Freihalten bzw. Wiederherstellen von Sichten
- Erhalt und Pflege der Teiche
- Herauspflegen/Freistellen oder Neupflanzung von markanten Einzelbäumen (Überhältern)
- in Teilbereichen: Umstellung der Bewirtschaftung vom Hoch- zum Nieder bzw. Mittelwald zu Anschauungs- und Forschungszwecken
- Beibehaltung und Erweiterung der gegenwärtigen Pflege
- Abgestimmter Waldpark-Pflege- und -Bewirtschaftungsplan, der forstwirtschaftliche, denkmalpflegerische und naturschutzfachliche Belange vereint

B. Erhalt, Pflege und ggf. Restaurierung der denkmalkonstituierenden Bestandteile (Ebene 2)

- Erhalt der Bauwerke, Inschriften, Gedenksteine, Gedenkbänke, Aussichtsplätze, Täler, Waldpartien, Felsschluchten und Felsformationen, archäologischen Denkmale, historischen Straßen und Wege, Teiche etc.

> Zielstellung/Perspektiven

- Erhalt und Wiederherstellung der Sichten von Aussichtsplätzen (im Besonderen zur Wartburg) und der weiteren internen und externen Sichten
- Kurz-, mittel- und langfristiger Rückbau von störenden Einbauten (z. B. Kleingärten im Haintal) aber auch von Plattenwegen, defekten Leuchten, ungenutzten Funktionsgebäuden, Zäunen u. dgl.
- Inwertsetzung derzeit ungenutzter Bauwerke (Hohe Sonne, Waldschänke)
- Verhinderung von verdichtender Neubebauung im Randbereich zur Stadt. Ziel ist der langfristige Erhalt des „ineinanderfließenden Charakters" von Wald über durchgrünte Villenviertel zur eigentlichen Stadt.
- Keine Neuerrichtung von maßstabsbrechenden Gebäuden und technischen Einbauten im Denkmalumgriff (z. B. Windräder)

C. Erhalt der noch ungestörten Totalansicht der Landschaft von der Wartburg (nach S, O und W) auch außerhalb des Denkmalensembles Waldpark (Ebene 3)

- Erhalt der nahezu ungestörten Sichten in die nähere und fernere Umgebung von der Wartburg auch jenseits des Denkmalumgriffes
- Schaffung von neuen Erhaltungsmethoden zum Schutz dieser Aussichten auf der raumplanerischen Ebene[35]

D. Öffentliche Zugänglichkeit/Erlebbarkeit sicherstellen (Ebene 2)

- Freihaltung und Instandhaltung sämtlicher Wege und Aussichten und die Beseitigung akuter Gefahrenstellen in Wegebereichen auch in den Totalreservaten
- Kartierung, Kategorisierung und Priorisierung des Wegenetzes
- Erhalt der „historischen Passstraße" zwischen Wilhelmsthal und Eisenach (B 19)
- Reduktion des Schwerverkehrs und der Verkehrsbelastung auf dieser Strecke zur Reduktion von Lärm- und Schmutzeintrag.
- Aktivierung des die B 19 überschreitenden Wegenetzes und Zusammenführung der beiden Parkbereiche östlich und westlich der Straße
- Erstellung eines einheitlichen Informationssystems zum Waldpark Wartburg, bestehend aus Beschilderung, Infotafeln und einem digitalen System
- Einbindung des Waldparkes in die touristische Erlebniswelt der Wartburg durch ausgewiesene kleine Rundwanderwege und Wanderwege zur Wartburg als Teil des Wartburgbesuches
- Einbindung der Erschließung der Wartburglandschaft in ein Leitsystem für den ruhenden Verkehr. Eventuell Erweiterung und Anbindung des bestehenden Shuttleservices zur Wartburg in Richtung Annatal/Hohe Sonne.
- Aufwertung und Verbesserung der Wege von und zur Stadt. Diese Wege sind im Naherholungsbereich stark frequentiert und bedürfen einer kontinuierlichen Pflege, Erhaltung und Zuwendung.

E. Integration von Naturschutzbelangen (Ebene 2)

- Die natürliche Artenvielfalt ist als integrativer Bestandteil des Plangebietes zu schützen und zu stärken.
- Der Erhalt der forstlichen Kulturlandschaft unter Einbeziehung der Aspekte des Arten- und Naturschutzes ist kein Widerspruch und muss zwischen den beteiligten Interessengruppen abgestimmt werden.
- Die Ausweisung von Totalreservaten – vor allem auch in langfristig für Sichten freizuhaltenden bzw. wieder herzustellenden Bereichen (z. B. am Sängerstein/Waidmannsruhe) – ist in Bezug auf die Entwicklungsziele kritisch zu hinterfragen.
- Der Erhalt von ausgewählten Totholzstämmen, ein überlegter Wechsel von Offenlandbiotopen und Waldbiotopen, die beispielhafte Mittelwald- und Niederwaldwirtschaft aber auch der Wechsel von langfristig freizuhaltenden Felspartien und bewaldeten feuchten Felspartien wird in der Gesamtbilanz dem Naturschutzaspekt und insbesondere der Artenvielfalt besser gerecht als bisher.
- Viele forstästhetische Erhaltungsziele entsprechen auch naturschutzfachlichen Zielen, so z. B. der langfristige Erhalt der vorhandenen Teichanlagen, die Herstellung gestufter Waldränder und der Erhalt von Offenlandbereichen/Wiesen.

F. Ausweitung der Forschungstätigkeit zu Einzelaspekten des Waldparks (Ebene 4)

- Weitere Untersuchungen zur konkreten Wald-Bewirtschaftung Gottlob Königs.
- Detailkartierung und Maßnahmenabschätzung für:
    a.) Inschriften, Denkmäler, Gedenksteine, Gedenksitze …
    b.) Aussichtsplätze
    c.) das Wegenetz
    d.) Grünflächenmanagement für Offenlandbereiche (z. B. Haintal, Helltal, Johannistal, Drachenstein, Breitengescheid)

G. Erstellung und Umsetzung konkreter Restaurierungskonzeptionen für Teilbereiche (Ebene 4)

Helltal und Haintal (Grundsätzliche Maßnahmen)
- Wiederherstellung offener Wiesen/Weideflächen und Zurückdrängung der Sukzession

Zielstellung/Perspektiven

- Herauspflegen von Waldrändern
- Schrittweise Nutzungsaufgabe und Rückbau der Kleingartenanlagen
- Wiederherstellung des 1. Teiches südöstlich des Reuter-Wagner-Museums (Spiegelwirkung!)
- Öffnung des Blickfeldes zur Wartburg

Johannistal (Grundsätzliche Maßnahmen)
- Öffnung von Sichten von der Schwendlerei und der Sophienhöhe zur Wartburg
- Freihalten der Wiesenflächen im Talgrund

Königstein/Sängerstein/Rudolfstein/Waidmannsruhe (Grundsätzliche Maßnahmen)
- Wiederherstellung/Verbesserung der historischen Sichten
- Dokumentation/Restaurierung/Konservierung der historischen Sitze (Sängerbank, Kanterbank, Waidmannsruhe)
- Ausstattung mit schlichten Sitzmöbeln (Rudolfstein)

Breitengescheid/Drachenstein
- Wiederherstellung/Verbesserung der historischen Sichten
- Wiederherstellung/Ergänzung/Reparatur von Sitzplätzen an Aussichtspunkten
- Erhalt/Verbesserung des Blößen-/Heidecharakters durch Offenhalten (Gehölzentnahmen sowie Mahd, besser Beweidung) der Hochfläche
- Verhinderung weiterer Bebauung am Fuße des Breitengescheids

Göpelskuppe und Umfeld des Burschenschaftsdenkmals
- Rückbau/ggf. denkmalgerechter Neu(ein)bau von störenden bzw. nicht funktionsfähigen Freiraumelementen (Hinweisschilder, Abfalleimer, defekter Treppenlauf)
- Allgemeine Aufwertung der Freiraumausstattung und der Oberflächenmaterialien
- Denkmalgerechte Integration/„Maskierung" der PKW-Stellflächen
- Teilweise Zurückdrängung der Gehölzkulisse, Entfernung deplatziert eingefügter Gehölze
- Gestalterische Aufwertung der Absturzsicherungen

Hohe Sonne
- Erhalt/Wiederherstellung/Restaurierung des Hotels Hohe Sonne
- gestalterische Aufwertung bzw. Integration des Wanderimbisses in den Gasthofbereich

Sängerwiese
- Erhalt offener Wiesen/Weideflächen und Zurückdrängung der Sukzession

Übersichten

Im Folgenden werden wesentliche denkmalkonstituierende Einzelelemente in zusammenfassender Weise dargestellt.

An dieser Stelle sei nochmals ausdrücklich erwähnt, dass zum historischen Waldpark der Wartburg auch die Partien südlich des Rennsteiges bis zu den Anlagen rund um Schloss Wilhelmsthal hinzugerechnet werden müssen. Die gegenwärtige südliche und östliche Grenzziehung des Denkmalensembles entlang des Rennsteiges ist willkürlich. Aus diesem Grunde wurden auch einige Elemente außerhalb des engeren Untersuchungsgebietes einbezogen, da sie zur gewachsenen Waldparklandschaft zählen. Die Tabellen erheben keinen Anspruch auf absolute Vollständigkeit, eine Kartierung aller denkmalwürdigen Bestandteile muss einer gesonderten Arbeit vorbehalten bleiben.

Übersicht 1: Erinnerungszeichen, Denkmale

Nachfolgend werden die wichtigsten Erinnerungsstätten nochmals im Überblick in chronologischer Reihenfolge kurz vorgestellt.

Steinkreuz „Wilde Sau"	
	· Sandsteinkreuz in Malteserform · seit 1483 (das älteste datierte Steinkreuz am Rennsteig), als Erinnerung an einen tragischen Jagdunfall (?) errichtet · am Originalstandort vorhanden, evtl. Sühnekreuz Jahreszahl: „1483" in gotischen Ziffern Namenszug: „Balthaßer Rodechr" · Jagdszene-Reliefdarstellung: Wildschwein, auf dem ein Mann sitzt, dieser wird gerade von einem zweiten, stehenden Mann mit einem Sauspieß erstochen (alles plastisch herausgearbeitet) · Beschreibung von 1720: „Anno 1483 im Jahr der Geburth Luthers ist ein Weimarischer Bedienter bey Eisenach auf dem Wald auf der Jagd mit einem fangspieß erstoch word von s. diener, am steinern † stehet: 1483. Balthaßer Rodecher. dran steht die Sau u dabey der Mann u d Knecht" (Manuskript Joh. Mich. Koch, 1720, 4. B., 9. Kap.)
Steinkreuz am Metilstein	
Transloziert, gotisch, genauer Original-Standort unbekannt, heute im Eisenacher Museum	
Cläs-Kley-Stein	
	· Sandstein-Denkmal · seit 1620 · am Westhang der Aschburg zu Ehren des 1617 verstorbenen fürstlichen Verwalters Nicolaus Kley, der „an dieser Stelle vom Schlage gerührt" worden sei (Arnswald/Kiepert 1853, S. 12) · sehr umfangreiche Beschreibung und Transkription der erhabenen Inschriften in Peter 1906, S. 33 – 35 · am Originalstandort vorhanden (vgl. hierzu auch Beschreibung auf S. 16)

Herzogsbank, auch „Kanapee" genannt (gleichzeitig Aussichtsplatz)	

	· Sandsteinbank,
	· am Originalstandort vorhanden (vgl. Arnswald/Kiepert 1853, S. 7)
	   Inschrift:
	      „1791"

M	
	· klassisch-serifer Großbuchstabe M · seit 1805 in einer Felswand des Breitengescheids eingehauen · ca. 7 Meter hoch · zu Ehren von Maria Pawlowna · Original in situ vorhanden
Roese-Stein	

	· fast unbehauener Granitstein
	· Anfang des 19. Jahrhunderts zum Gedenken an Christian Roese, den Begründer des Roesschen Hölzchens
	· am Originalstandort vorhanden
	   Inschrift (Fraktur):
	      „Dem Schoepfer
	      dieses Bergwaldes
	      Christian Roese
	      1744 – 1806"

Heerleins Grab	

	· Grabzeichen (Säulenstumpf aus Sandstein) von 1808
	· am Originalstandort vorhanden
	   Inschriften:
	      „Christian Heerlein starb am 24. Junij 1808"
	
	      „Es ruht so wohl sich hier –,
	      Im Schoß der Erde –,
	      Wo ich mit Moos bedeckt –
	      Zu Staube werde."

Übersichten

A	
	· antikisierende, große Letter A · seit 1833 in einer Felswand am Ende des damaligen Promenadenweges, dem heutigen Beginn des mittleren Teils des Annatals, der sogenannten Drachenschlucht · ca. 3 Meter hoch · zu Ehren der Kronprinzessin der Niederlande Anna · am Originalstandort in situ vorhanden
Bank Waidmannsruhe (gleichzeitig Aussichtsplatz)	
	· Sandsteinbank · wahrscheinlich aus dem Jahr 1832 · unter König geschaffen · am Originalstandort vorhanden (Lit.: Arnswald/Kiepert 1853, S. 9; Wirthwein 2008, S. 39; Grebe 1858, S. 58)
Sängerbank am Sängerstein (zugleich ehemaliger Aussichtsplatz)	

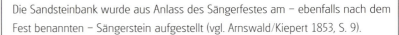
	· Sandsteinbank
	· seit 1847, Initiator Gottlob König,
	· am Originalstandort vorhanden
	    Inschriften (in Kartuschen):
	        „1847"
	        (vorderseitig)
	
	        „Für die Sänger"
	        (rückseitig)
	
	Die Sandsteinbank wurde aus Anlass des Sängerfestes am – ebenfalls nach dem Fest benannten – Sängerstein aufgestellt (vgl. Arnswald/Kiepert 1853, S. 9).
	
	Initiator von Sängerweg, Sängerbank und der Benennung „Sängerstein" war Forstrat König (vgl. Schwartz 1985, S. 97 und 2010, S. 272).

Gedenktafel Gottlob König (gleichzeitig Aussichtsplatz)	

	· Gedenkplatte, angebracht in einem im Fels eingetieften Rahmen
	· seit 1850 am Königstein für Forstrat Gottlob König
	· am Originalstandort vorhanden (vgl. hierzu auch die ausführliche Beschreibung auf S. 41f.)
	    Inschrift:
	        „DEM OBERFORSTRATH
	        G. KOENIG.
	        MDCCCL"

Carl-Alexander-Stein von 1898

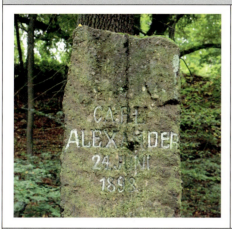

- seit 1898
- nordwestliche Gebietsgrenze (Frankfurter Straße)
- am Originalstandort vorhanden
- Material: Wartburgkonglomerat

Inschrift:
> „CARL
> ALEXANDER
> 24. JUNI
> 1898"

Burschenschaftsdenkmal (gleichzeitig Aussichtsplatz und Blickziel)

- 1900 (1898) bis 1902 errichtet, Einweihung Mai 1902
- Kriegerdenkmal für die 1870/71 gefallenen Burschenschafter
- Nationaldenkmal der Deutschen Burschenschaft
- monumentaler Neun-Säulen-Rundbau mit geschlossenem Innenraum, d.h. nach heutigem Sprachgebrauch einer antiken Tholos (Rundtempel mit Cella) nachempfunden
- über Wendeltreppen sind Aussichtsbalkone in der Dachlaterne erreichbar
- zahlreiche Veröffentlichungen zu Geschichte, Baugestalt, Innenausstattung, Restaurierung (u. a. Brunner 1991; Lönnecker 2002; Reiß 2006, S. 59–64)

Carolinenblick-Gedenkstein (gleichzeitig Aussichtsplatz)

- Naturstein-Denkmal mit integrierter Granit-Gedenkplatte
- seit 1906
- anlässlich des Todes der Großherzogin Caroline von Sachsen-Weimar-Eisenach (geb. Reuß zu Greiz)
- am Originalstandort vorhanden

Inschrift:
> „Carolinen-Blick
> 1906"

Das Denkmal erinnert an Caroline Reuß zu Greiz (1884–1905). Diese musste 1903 mit Großherzog Wilhelm Ernst von Sachsen-Weimar-Eisenach eine (beiderseitige) Zwangsehe eingehen, die unglücklich verlief. Caroline starb mit nur 20 Jahren – möglicherweise handelte es sich um Selbstmord.

Gedenktafel Prof. Dr. H. Stötzer	

	· Metallplatte
	· seit 1925 am Hinteren Breitengescheid zu Ehren von Forstrat Stötzer
	· am Originalstandort vorhanden
	   Inschrift:
	     „Ihrem verdienstvollen Lehrer und Gönner
	     Oberlandforstmeister
	     Prof. Dr. H. Stoetzer
	     Direktor der ehem. Forstakademie zu Eisenach,
	     * 22. Mai 1840 in Wasungen
	     + 11. Nov. 1911 in Eisenach
	     seine dankb. Schüler u. Freunde 1925."

Inschriftentafel an der Südwestflanke der Eisenacher Burg	

	· Anlass und Zeitpunkt der Anbringung konnten bisher noch nicht geklärt werden, am Originalstandort vorhanden
	   Inschrift:
	     „Wie schuf doch Gott die Welt so schön
	     Drum Wandrer bet ihn an!
	     Sollts Dir auch noch so schlecht ergehn Bete!
	     Er hilft Dir dann!"

Cranach-Denkmal (gleichzeitig Aussichtsplatz)	

	· Gedenkstein aus Sandsteinmaterial
	· um 1930 errichtet
	· begleitende Freiraumgestaltung (Terrassenfläche, Stützmauer, Treppenlauf, 2 Bänke); landschaftlich oberhalb der Wartburgallee im Helltal integriert, erinnert an Hans Lucas von Cranach (1855–1929), von 1894 bis 1929 Burghauptmann der Wartburg,
	· am Originalstandort vorhanden
	   Inschrift (tlw. erhaben):
	     „IN MEMORIAM
	     [dazwischen ein plastisch herausgearbeiteter geflügelter Lindwurm = das Familienwappen der Cranachs]
	     JE GETREUER
	     JE GETROSTER
	     v. Cranach"

Gefallenen-Ehrenmal der Deutschen Burschenschaft, sogenannte Langemarck-Gedenkstätte (direkt am Burschenschaftsdenkmal)	

	· errichtet 1932/33
	· monumentaler Denkmal-Komplex, bestehend aus abgesenktem „Ehrenhof" mit Umfassungsmauer und massivem zentralen Gedenkstein
	· Material: Steinblöcke und großformatige Platten aus Travertinstein (Gauingen i. Württemberg)
	· Zerstörung von Bildrelief, Schriftzug und Wappen 1946
	· Erneuerung des Schriftzuges 1991/92
	   In erhabener Fraktur aus Stein herausgearbeitet:
	     „Ihren gefallenen Bundesbrüdern
	     Die Deutsche Burschenschaft
	     1914 1918
	     1939 1945"

Kanterbank am Sängerstein (zugleich ehemaliger Aussichtsplatz)	

	· Bank aus Sandsteinteilen mit Sitzauflage aus Holz
	· seit 1936
	· zu Ehren des Vorsitzenden des Eisenacher Verschönerungsvereins Oberstleutnant a.D. Felix Bruno Georg Kanter aufgestellt vom Verschönerungsverein (vgl. Metallplatten an der Innenseite der Armlehne und der Rückenlehne)
	· am Originalstandort vorhanden
	    Inschriften:
	        „KANTER=BANK"
	        „VERSCHÖNERUNGSVEREIN
	        EISENACH
	        1936"

Gedenkorte außerhalb des engeren Untersuchungsgebietes

Carl-Alexander-Turm (Aussichtsturm)	
	· einziger zu diesem Zweck errichteter Aussichtsturm im westlichen Thüringer Wald · fertiggestellt im Jahr 1897 auf dem 639 m hohen Ringberg westlich von Ruhla durch den Carl-Alexander-Turm-Verein aus Ruhla zu Ehren von Großherzog Carl Alexander von Sachsen-Weimar-Eisenach, insbesondere als Anerkennung der Verdienste um die Wartburg-Restaurierung · Material: reine Stahlkonstruktion · 21 m hoch, Aussichtsplattform 250 m über der Wartburg · am Originalstandort erhalten

Carl-Alexander-Denkmal von 1909	
	· Bronze mit „Blickrichtung" zur – etwa 1 km entfernten – Wartburg von Hermann Hosäus, auf Natursteinsockel · am Originalstandort vorhanden · knapp außerhalb des engeren Untersuchungsgebietes · am Originalstandort vorhanden (am östlichen Beginn des Haintales/ Karthausgarten)

| Übersichten |

Elisabethgrotte (vor 1837 angelegt)

- künstliche Felsgrotte, am Originalstandort vorhanden (Denkmalensemble Mariental, Seitental Elisabethenruh/Armenruh)
- Bestandteil der (ehemaligen) Parkanlage Elisabethenruh
- vorhanden

Die *Elisabeth-Grotte* stammt nach Reiß 2006, S. 131 aus der Zeit um 1870–1900, das Relief aus dem Jahr 1953 (vgl. Reiß 2006, S. 131 und 146). Dies kann an dieser Stelle präzisiert werden: Die Grotte ist auf jeden Fall viel älter und deutlich vor dem Jahr 1837 angelegt worden: „Die darin befindliche, in eine Felsenwand ausgehauene Grotte scheint auch zu neu und nicht verwittert genug, als daß solche zur Zeit der heiligen Elisabeth schon bestanden haben sollte." (Storch 1837, S. 89)

Quelle Hötzelsruh

- knapp außerhalb des Denkmalensembles
- mit unbehauenen Steinen gefasste Quelle
    Inschrift:
        „1954"
- am Originalstandort vorhanden

Gedenktafel Carl Grebe

- seit 1900
- am Grebestein in der Nähe des Wachsteins für Carl Grebe, den langjährigen Leiter der Forstlehranstalt
- am Originalstandort vorhanden
    Inschrift:
        „Zur Erinnerung an den
        Oberlandesforstmeister Dr. Carl Grebe,[...]
        Wirklicher Geheimrath. 1816–1900"

Denkmal der Forstschule Ruhla und Königstuhl auf dem Glöckner

- Berg mit Granitfelsen am Rennsteig im Ruhlaer Revier
    In den dortigen Felsen befinden sich folgende Inschriften:
        „Den Jahren 1802–1812" + 9 Namen von Forstschülern[37]
        „1813 wurde hier gepflanzt"
        „für 1871" (Ergänzung um 1830, verm. von Forstschülern)
        „Friedrich Fröbel" (Ergänzung um 1860)
        + weitere spätere Namensergänzungen (u. a. für im Ersten Weltkrieg gefallene Rennsteigvereinsmitglieder)
- „Königstuhl": Felssitz mit Aussicht zu Ehren von Gottlob König, der von hier eine Aussicht in die Rhön schaffen ließ (vgl. Schwartz 2010, S. 48)

Chronogramm-Gedenktafel an der Karlswand (zwischen Rennsteig und Wilhelmsthal)	
	· eine 1809 in die Wand eingelassene Tafel erinnert an den 1808 abgeschlossenen Ausbau der Straße Die Inschrift enthält ein Chronogramm im Text: „Des VVohLtätigen herrsChers kräftIges VVort gab Dem VVanDerer hIer sIChere Strasse aVs VVVüstem GebVrgen" · aus Addition der hervorgehobenen römischen „Ziffern" ist die Jahreszahl **1808** zu ermitteln · in situ vorhanden

Ehemalige Gedenkplätze/Sitze (nicht mehr vorhanden oder verschollen)	
„Steinbank mit Tisch" auf dem großen Drachenstein (Arnswald/Kiepert 1853, S. 14)	
	· „einladender Ruheplatz" auf dem Drachenstein · unter König angelegt (Grebe 1858, S. 58)
Bank auf dem Rudolfstein (Arnswald/Kiepert 1853, S. 13)	
	· „Bank auf einem Vorsprunge des Berges, Rudolfstein genannt, wiederum mit reizender Aussicht" (Arnswald/Kiepert 1853, S. 13) · historische Bank nicht mehr vorhanden · dafür zwei defekte Betonfußbänke neueren Typs
Felsbank gegenüber dem Verfluchten Jungfernloch (Arnswald/Kiepert 1853, S. 8 f.)	
	· Bank auf dem Vorderen Breitengescheid/Paulinenhöhe (evtl. am „2. Wartburgblick")? · (dort jedenfalls) nicht mehr vorhanden
Denkmal/Bank? zwischen Eliashöhle/Sängerweg??	
	· nicht mehr vorhanden
Bank Viehburg	
	· „eine mit Ruhebank versehene Felshöhe – den höchsten Gipfel der Viehburg [...] bietet sich die schönste aller Ansichten [...] auf die Südseite der Wartburg" (Arnswald/Kiepert 1853, S. 8) · nicht mehr vorhanden
„Steinerne Bank" (vgl. Peip 1895)	
	· auf halber Strecke zwischen Hoher Sonne und Gehauenem Stein am Beginn des Promenadenweges (im sogenannten Strasswinkel) · nicht mehr vorhanden.
Inschrift ? „C A" – Carl Alexander (vgl. Peip 1895)	
	· außerhalb des engeren Untersuchungsgebietes, Georgenthal/Federkopf westlich Bahnunterführung (vgl. Peip 1895) · wahrscheinlich nicht mehr vorhanden

Übersicht 2: Felsbildungen

Felsschluchten und Felstäler

Annatal

- seit mindestens 1833 zugänglich
- „Künstlicher Promenadenweg"
- Umbenennung 1833
- vorher der Gehauensteinsgraben bzw. Steinbach (vgl. Storch 1837, S. 313)
- Erschließung unter Forstrat König (vgl. Grebe 1858, S. 58)

Drachenschlucht (mittlerer Abschnitt des Annatals)

- Erschließung unter Forstrat König (vgl. Grebe 1858, S. 58) um 1843 (vgl. Arnswald/Kiepert 1853, S. 10)

Landgrafenschlucht

- legendäres Versteck von Friedrich dem Gebissenen 1306
- Namen: Wolfslöcher (1294), Landgrafenloch (18. Jahrhundert, z.B. von Goethe 1777 besucht)
- Erschließung unter Forstrat König (vgl. Grebe 1858, S. 58)

Güldene Pforte

- wird von einer alten Wagenrinne aus der Zeit vor dem 18. Jahrhundert durchquert (vgl. Bergmann 1993)

Felsen, Felspartien

Breitengescheid

- Vorderes (nördliches) Breitengescheid, auch Paulinenhöhe, benannt nach der Erbgroßherzogin Pauline von Sachsen-Weimar-Eisenach (1852–1904)
- Hinteres (südliches) Breitengescheid (oberhalb Rudolfstein)

Eisenacher Burg

- Felspartie im Bereich der ehemaligen Belagerungsburg im thüringisch-hessischen Erbfolgekrieg (1247–1263)

Viehburg

- „eine mit Ruhebank versehene Felshöhe – den höchsten Gipfel der Viehburg [...] bietet sich die schönste aller Ansichten [...] auf die Südseite der Wartburg" (Arnswald/Kiepert 1853, S. 8)

Waidmannsruhe

- laut Arnswald/Kiepert 1853, S. 9 eine „Steinbank auf steilem Felsvorsprunge" (siehe auch Bank Waidmannsruhe)
- unter Gottlob König geschaffen

Sängerstein

- benannt während des Sängerfestes im August 1847 unter wesentlicher Mitwirkung von Gottlob König (vgl. u.a. Arnswald/Kiepert 1853, S. 9)

Königstein

- benannt nach Forstrat König
- Installation einer Gedenkplatte für König (1849–1851)
- zuvor wurde nach Grebe 1858, S. 58 „unter König" ein „einladender Ruheplatz" (vermutlich der noch heute bestehende auf dem höchsten Punkt des Felsens) angelegt

Rudolfstein	
· „Bank auf einem Vorsprunge des Berges, Rudolfstein genannt, wiederum mit reizender Aussicht" (Arnswald/Kiepert 1853, S. 13)	
Mönch und Nonne	
· 1775 Gedicht von Wieland (vgl. Anonymus 1795, S. 189); mindestens 2 Zeichnungen von Goethe; heute fehlen die „Köpfe"	
Teufelskanzel	
· „sog. Teufelskanzel, einem aus dem dichten Tannengebüsch des Abhanges senkrecht emporstrebender, die Spitzen der dichtanstehenden höchsten Bäume überragender Felsvorsprung, dessen durch kein Geländer geschützte Spitze einen schwindelerregenden Blick in die Tiefe gewährt" (Arnswald/Kiepert 1853, S. 7)	
· erschlossen unter Forstrat König (vgl. Grebe 1858, S. 58)	
Gehauener Stein	
· alte Flurbezeichnung der – behauenen – Felspartie an der Nürnberger Straße (heutige B 19) östlich des Annatals aus der Zeit vor der ästhetischen Erschließung der Landschaft	
Sophienhöhe (Sophienruhe) sowie Felsen in Gräbners Hölzchen (oberhalb Johannisthal)	
· Erschließung ab 1879 durch den Verschönerungsverein (vgl. Reiß 2006, S. 67 ff.)	
Felsen mit Grotten und Höhlen	
Verfluchtes Jungfernloch	
· Klufthöhle	
· Besuch von Goethe 1777	
· Sagen von Bechstein (1853) und den Gebrüdern Grimm niedergeschrieben	
Elfengrotte, auch Knöpfelsgrotte oder Luisengrotte	
· bei Arnswald/Kiepert 1853, S. 10 als Luisengrotte bezeichnet	
· „Knöpfelsgrotte"; „Elfengrotte" (Schwerdt/Jäger 1871, S. 115)	
Eliashöhle	
· der Legende nach soll hier im Mittelalter ein aussätziger Eremit, Elias, gehaust haben	
· unter Forstrat König zugänglich gemacht (Grebe 1858, S. 58)	
Ludwigsklamm (bzw. Wasserfall)	
· früher „triefender Stein"	
Wichtige Felsbildungen im Bereich zwischen Rennsteig und Wilhelmsthal (außerhalb des engeren Untersuchungsgebietes)	
Luisengrotte	
Hochwaldgrotte	
Karlswand	
Schwalbennest	

Übersicht 3: Aussichtsplätze, Sichten und Panoramen

Aussichten von der Wartburg (Südturm)
· engerer Waldpark Wartburg: u.a. bewaldete Hügel, Bergpanorama des Thüringer Waldes · Burschenschaftsdenkmal, Metilstein (alles bis heute erlebbar); Breitengescheid, Hohe Sonne (eingeschränkt) · weitere Wartburglandschaft: Eisenacher Villenviertel (u.a. Marienhöhe, Predigerberg/Hainstein, Karthäuserhöhe), Carl-Alexander-Turm, Altstadt Eisenach, Karthausgarten · Fernsichten (u.a. Inselsberg, Hörselberge) · Störungen: nahezu ausschließlich in nördliche bzw. nordöstliche Richtung (Industrie, Gewerbe, Wohnsiedlungen, Windräder, Infrastruktureinrichtungen)

Der Blick in östliche Richtung schweift über das Villenviertel Marienhöhe und das Johannistal zu den Hörselbergen

Blick nach Süden über den historischen Kern des Waldparks zum Thüringer Wald

In Richtung Westen dominieren ebenfalls Wälder ohne technische Einrichtungen

	In nördlicher Richtung geraten auch Infrastruktureinrichtungen, Windräder, Großsiedlungen etc. in den Blick

Metilstein (350 m nördlich der Wartburg)

- Wartburg innerhalb der Wartburglandschaft
- 180-Grad-Panoramablick!
- Blicke nach Westen, Nordwesten und Norden sind heute durch Baumbestand verdeckt
- früher vom heute verschwundenen „Tempelchen" des Roesschen Hölzchens: Aussicht nach Stedtfeld

	Osten: Villenviertel, Burschenschaftsdenkmal, Hörselberge, Thüringer Wald
	Süden: Wartburg, Waldpark, Thüringer Wald
	Südwesten: Waldpark, Thüringer Wald

Mönch und Nonne am Metilstein (400 m nördlich der Wartburg)	
· Wartburg (heute verwachsen) · Landschaft in Richtung Westen ins Hörseltal (heute nicht mehr erlebbar)	
Berg (400 m südwestlich der Wartburg)	
· Wartburg · Thüringer Wald/Wartburglandschaft in Richtung Südwesten	
	Nordosten: Wartburg
	Südwesten: Hollunder
Paulinenhöhe, Vorderes Breitengescheid (1,7 km südöstlich der Wartburg)	
4 Aussichtspunkte, vor allem in westliche Richtung	
	vom „Dr. Mosig Blick" nach Westen: Mariental (Sophienaue, Kälbergrund); Waidmannsruhe, Eisenacher Burg, Viehburg, Wartburg

	2. Aussichtspunkt, sogenannter 1. Wartburgblick, nach Westen: Wartburg (heute verwachsen)
	3. Aussichtspunkt, 2. Wartburgblick: teilweise zugewachsen, noch relativ freier Blick nach Nordwesten zu Liliengrund, Wartburg, Metilstein

Nördliche Paulinenhöhe, Vorderes Breitengescheid (1,7 km südöstlich der Wartburg)
1871: „Hier hat man einen prachtvollen Anblick in die Tiefe des Johannisthales mit den kahlen Hörselbergen im Hintergrunde" (Jäger in Schwerdt/Jäger 1871, S. 107)

	4. Aussichtspunkt, Hörselbergblick: kleine Sichtschneise zur Wartburg nach Westen
	4. Aussichtspunkt, Hauptblickrichtung nach Nordosten: Burschenschaftsdenkmal, Hörselberge

Aussichtsplatz in Gräbners Hölzchen, auch „Schwendlerei" genannt (1,3 km östlich der Wartburg)	
	Westen: Wartburg/Metilstein (nur teilweise)

Sophienruhe auf der Sophienhöhe (1,5 km östlich der Wartburg)	
	Westen: Wartburg (sehr eingeschränkt)
	Südosten: Villen Marienhöhe (sehr eingeschränkt)

Eisenacher Burg (300 m südlich der Wartburg) – Blicke vor allem nach Süden und Osten	
	Norden: Wartburg (nur noch teilweise erlebbar)

	Süden: Wartburglandschaft/Thüringer Wald, scheinbar endlose Wälder (Bauwerke: Hohe Sonne, Carl-Alexander-Turm)
	Nordosten: Burschenschaftsdenkmal, Marienhöhe, Mariental (teilweise)

Blidenstatt (300 m südlich Wartburg, direkt westlich der Eisenacher Burg)

	Wartburg direkt von Süden (durch behauene Felswände gerahmtes Bild)

Königstein (1,4 km südöstlich der Wartburg)

- 1852: „ungemein reizender Blick über das Marienthal abwärts bis zur Wartburg" (Arnswald/Kiepert 1853, S. 11)
- ein „Ruheplatz" wurde schon von König selbst geschaffen (vgl. Grebe 1858, S. 58)

	Unterer Aussichtsplatz (an der König-Gedenkplatte), Norden: Mariental und angrenzende Berghänge (nur noch eingeschränkt)

	Oberer Aussichtsplatz, Norden: Eisenacher Burg, Wartburg (nur noch sehr eingeschränkt) und Beginn der Landgrafenschlucht

Rudolfstein (Hinteres Breitengescheid) 1,1 km südöstlich der Wartburg
· 1852: „Bank auf einem Vorsprunge des Berges, Rudolfstein genannt, wiederum mit reizender Aussicht" (Arnswald/Kiepert 1853, S. 13) · Ein „Ruheplatz" wurde schon von König selbst geschaffen (vgl. Grebe 1858, S. 58)

	Die Sichten vom ehemaligen Aussichtspunkt (v.a. zur Eisenacher Burg, Kälbergrund, Hainstein) sind sehr stark verwachsen
	Unterhalb des eigentlichen Aussichtspunktes lässt sich noch etwas von der einstigen Blickqualität erahnen

Viehburg, auch Frauenburg (400 m südlich der Wartburg)
Die Aussicht zur Wartburg ist nur noch im unbelaubten Zustand sehr eingeschränkt vorhanden, der ehemalige Aussichtspunkt befindet sich nunmehr im Hochwald. Von einer „mit Ruhebank versehene[n] Felshöhe, – [auf dem] höchsten Gipfel der Viehburg – […] bietet sich die schönste aller Ansichten auf […] die Wartburg" (Arnswald/Kiepert 1853, S. 8). Hier soll sich.eine Holzburg (Bauherrin Sophie von Brabant = Frauenburg) befunden haben, in späterer Zeit waren hier „50 Acker Artland" nebst einem Holzhaus zur Unterstellung des Viehs (Viehburg), dann wieder Holzanbau (vgl. Storch 1837, S. 295).

Übersichten

Waidmannsruhe (südlich der Viehburg/Eisenacher Burg, 800 m südwestlich der Wartburg)	
Geschaffen unter Forstrat König (vgl. Grebe 1858, S. 58)	
	Nordosten: Marienhöhe, Burschenschaftsdenkmal, gegenüberliegendes Breitengescheid Kein direkter Wartburgbezug!
	Nordosten: Mariental, gegenüberliegendes Breitengescheid Kein direkter Wartburgbezug!

Katzensprung (westlich der Sängerwiese, 1 km südlich der Wartburg)	
	Wartburg von Südwesten, schmale Sichtschneise

Teufelskanzel (1 km westlich der Wartburg)	
Erschlossen von Forstrat König (vgl. Grebe 1858, S. 58)	
	Landschaft in Richtung Westen (teilweise außerhalb des Untersuchungsgebietes) Kein direkter Wartburgbezug!

„Herzogsbank" von 1791 (ca. 1 km südwestlich der Wartburg)	
· auch „Nebe-Blick" nach dem Burghauptmann und Präsidenten der Wartburg-Stiftung Hermann Nebe (1. Hälfte 20. Jahrhundert) · früher auch Blick zur Viehburg u. a. (vgl. Arnswald/Kiepert 1853, S. 7), heute „nur" noch Wartburgblick	
	Enge Blickschneise zur Wartburg
Burschenschaftsdenkmal (2 km östlich der Wartburg) – Wartburg, Wartburglandschaft, Villenviertel, Altstadt, Hörselberge etc. (fast Rundumblick!)	
	Blick nach Westen über die Villenviertel zur Wartburg
	Blick nach Nordosten zum Wartenberg
	Blick nach Osten zu den Hörselbergen

Carolinen-Blick mit Gedenkstein (1906, 2,2 km südöstlich der Wartburg)	
vgl. auch Übersicht 1	
	Nordwesten: Wartburg, Metilstein, Hainstein von Südosten, viel Laubwald im Vordergrund

Mosbacher Linde (2,8 km südöstlich der Wartburg)	
vgl. auch Gedenkbäume	
	Blick nach Osten: im Vordergrund ungewöhnlicherweise kein Wald, sondern Weide, dann bewaldete Hügel, Hörselberge Kein direkter Wartburgbezug!

Marienblick (3,5 km südöstlich der Wartburg)	
Existierte schon Anfang des 20. Jahrhunderts (vgl. Peters 1914, S. 23 sowie verschiedene Postkarten)	
	Wartburg von Südosten, im Bildmittelgrund (schmale Sichtschneise)

Wilde Sau (2,5 km südwestlich der Wartburg, am Rennsteig in der Nähe des Gedenksteins)	
	Wartburg von Südwesten (Sichtschneise)

Kisselblick (3 km südwestlich der Wartburg, am Rennsteig)	
	Süden: Thüringer-Wald-Panorama bis zum Kisselberg Kein direkter Wartburgbezug!

Drachenstein (3,2 km südöstlich der Wartburg)	
Erschließung des Drachensteins mit „Spazierwegen" unter König (vgl. Grebe 1858, S. 58)	
	1., südlicher Aussichtspunkt, Blick nach Südosten: Thüringer-Wald-Panorama Kein direkter Wartburgbezug!
	2., nördlicher Aussichtspunkt, Blick nach Osten und Nordosten: offene Kulturlandschaft Kein direkter Wartburgbezug!

Hohe Sonne (4 km südöstlich der Wartburg)	
Der „Durchhieb zur Wartburg" wurde von Forstrat König geschaffen (vgl. Grebe 1858).	
	„Wartburgblick"; Durchhieb oder Durchblick (teilweise erlebbar, beginnt wieder zu verwachsen)
Wichtige Aussichtsplätze außerhalb des engeren Untersuchungsgebietes	
Hirschstein (4,5 km südöstlich der Wartburg, Nähe Hohe Sonne) – Verknüpfung mit Wilhelmsthal	
Der Hirschstein befindet sich knapp außerhalb des engeren Untersuchungsgebietes im Bereich der Hohen Sonne. Er ist von großer Bedeutung, da der Ausblick die optische Verbindung nach Wilhelmsthal und in die Landschaft südlich des Rennsteiges herstellt. Die folgende Beschreibung von Storch aus dem Jahr 1837 ist im Prinzip, mit Ausnahme des Blickes nach Gotha, noch heute (2014) gültig: „Hat der müde Wanderer sich ausgeruht und gestärkt [auf der Hohen Sonne], und er sehnt sich, das freundliche Wilhelmsthal in einiger Entfernung zu sehen, so begibt er sich auf den nahegelegenen Hirschstein, wohin ein Promenadenweg führt und unter einer freistehenden Eiche eine Ruhebank angebracht ist." (Storch 1837, S. 314 f.) Storch beschreibt neben der Aussicht auf die „großartigen Waldungen" den Blick auf „die bläulichen Rhön- und hessischen Gebirge, auf denen sich die Gebe [sic!], der Pleß, der Beyer, Arz-, Dietrichs- und Ochsenberg gigantisch erheben. Auch zwei Thürme vom gothaischen Schlosse sind dem scharfen Auge sichtbar."	
	Blick vom Hirschstein in das südliche Vorland des Thüringer Waldes mit Wilhelmsthal um 1960 (Stadtarchiv Eisenach, K 064). Der Blick ist heute nur noch in Teilen frei, aber dennoch beeindruckend. Nach Grebe (1858, S. 58) schuf König hier einen Durchhieb zur Wartburg.
Alexanderblick (vgl. Peip 1895), unterhalb des Hirschsteins – Wilhelmsthal, südliches Thüringer-Wald-Vorland (teilweise verwachsen)	
Aussichtsplatz westlich der Hochwaldgrotte (vgl. Peip 1895) – Wilhelmsthal, heute verwachsen	
Schwalbennest am Karthäuserberg nördlich von Wilhelmsthal – Ansicht Schlossanlage Wilhelmsthal, heute teilweise zugewachsen	

Wachstein (6,3 km südöstlich der Wartburg) 180-Grad-Panorama von West nach Ost mit Mosbach, Drachenstein, Wartburg etc. · in der Nähe: Gedenktafel für Carl Grebe (siehe dort) · Promenadenweg zum Wachstein unter König angelegt (vgl. Grebe 1858)	
	Blick nach Nordwesten, die Wartburg inmitten „endloser Wälder"
	Ein Flakgeschützturm wurde zum Aussichtsturm umgebaut.
Carl-Alexander-Turm (7,7 km südöstlich der Wartburg) – Rundumblick – einziger nur zu diesem Zwecke errichteter Aussichtsturm im westlichen Thüringer Wald	
	Beschriftete Berge und Orte in nordwestlicher Richtung: Die Wartburg ist nur eine Markierung unter vielen und steht trotzdem im Mittelpunkt
	Blick vom Carl-Alexander-Turm nach Südosten, auf Ruhla

Glöckner (12 km südöstlich der Wartburg)	
gleichzeitig Denkmal der Forstschule Ruhla	
	„Königstuhl", Felssitz mit Aussicht in die Rhön, diese wurde von Gottlob König geschaffen (vgl. Schwartz 2010, S. 48) Kein direkter Wartburgbezug!
	Aussicht seit Orkan Kyrill (2007) wieder (temporär) erlebbar, Neuaufforstung mit Fichten.

Übersichten

Übersicht 4: Gedenkbäume und markante Einzelbäume

Zahlreiche besondere Bäume, oft alte Eichen als Zeugen der Landnutzung vor der geregelten Forstwirtschaft oder Bäume an markanten Standorten, wurden durch Namensgebungen zu „Gedenkbäumen". Ähnlich der Situation bei Felspartien trug die bewusste Namensgebung (und Beschilderung) wesentlich zur Transformation eines Waldes in einen romantischen Waldpark bei. Aus einer einfachen alten Eiche wurde so z.B. die „Hermannseiche", nach Landgraf Hermann I. Welche neuen Bilder entstehen da plötzlich vor dem geistigen Auge!

Gedenkbäume und markante Einzelbäume	
Herzogseiche	
	vorhanden 1903 gepflanzt anlässlich der Vermählung von Großherzog Wilhelm Ernst mit der Prinzessin Caroline Elisabeth Ida Reuß zu Greiz
Friedenseiche	
	vorhanden Östlich der Wartburgallee gegenüber Cranach-Denkmal, anlässlich der Beendigung des Deutsch-Französischen Krieges 1871
Drachenstein-Eiche	
	vorhanden Drachenstein, dort eine weitere, bereits abgestorbene Eiche „Ruheplatz" unter Forstrat König (vgl. Grebe 1858, S. 58) geschaffen
Wilde-Sau-Eiche	
	vorhanden Wilde Sau, teilweise abgestorben, in diesem Bereich weitere einzelne Alteichen

Große Eiche	
	Vermutlich identisch mit der Königseiche
	Die „große Eiche [...] wo der schöne Promenadenweg vom Königstein her [...] auf der Chaussee mündet" (Schwerdt/Ziegler 1864, S. 542). Schwerdt beschreibt weiterhin eine von dort ausgehende Querverbindung zur Drachenschlucht.
Mosbacher Linde	
	vorhanden
	Aussichtsplatz mit Blick zu den Hörselbergen
	Markanter Baum an der Flurgrenze zu Mosbach, am Mosbacher Marktweg nach Eisenach
Königseiche	
	Originalbaum schon um 1945 abgestorben
	(Neupflanzung 1999 am 150. Todestag von Gottlob König an anderer Stelle: „Neue Königseiche")
	Zwischen Gehauenem Stein und Aschburg, östlich der Straße (vgl. Peip 1895) existierte noch 1945 „die verdorrte Königseiche, die wahrscheinlich im Zuge der König-Ehrungen um 1850 nach dem Forstrat benannt wurde" (Weigel 1992, S. 113).
	2013: Originalplatz noch erkennbar, Baum fehlt
Neue Königseiche	
	Neupflanzung 1999 am 150. Todestag von Gottlob König
	Am Drachenstein
Dorotheeneiche	
	vorhanden
	In Rennsteignähe, am Unkerodaer Stein

Hermannseiche	
	vorhanden
	Aschburg
„Alte Mäd-Eiche"	
	vorhanden
	hohle Eiche am Eierkuchenberg
Ehemalige oder verschollene Gedenkbäume	
Landgrafenbuche in der Landgrafenschlucht	
	nicht vorhanden
	„Wir bleiben im Thale und kommen nach kurzer Strecke zur Landgrafenbuche, die, vom Blitz zersplittert, in einem erweiterten Kessel steht." (Schwerdt/Ziegler 1864) Auch noch 1871 vorhanden (Schwerdt/Jäger 1871, S. 104). Benannt nach Landgraf Friedrich dem Gebissenen.
Große Buche mit Bank	
	Am Ende der Landgrafenschlucht, dort befand sich eine starke, „mit einer Bank umgebenen Buche" (Schwerdt/Jäger 1871, S. 105).
„Theebuche" oder „Festbuche"	
	Nähe Heerleins Grab/Waidmannsruhe (Schwerdt/Jäger 1871, S. 92 u. 114) Abb. von 1828 in Mähler/Weigel 1985, S. 47
„Eiche" westlich der Wilden Sau	
	vgl. Peip 1895
„Eiche" östlich gegenüber dem „Weissen Haus" (spätere Waldschänke)	
	vgl. Peip 1895
„Maibuche"	
	Oberhalb des Kälbergrundes (vgl. Arnswald/Kiepert 1853, S. 8)

Außerhalb des Denkmalensembles	
Goethelinde	
	vorhanden
	Mariental/Am Prinzenteich
	Aus Anlass des 100. Todestages von Goethe 1932 vom Eisenacher Verschönerungsverein gepflanzt
Schillerlinde	
	vorhanden
	Mariental/Nähe Phantasie
	Vom Eisenacher Verschönerungsverein am 100. Todestag von Schiller gepflanzt
Eiche am Hirschstein (vgl. Peip 1895)	
	vorhanden
Albert-Hofmann-Linde am Rennsteig (unweit vom Tunnelkopf und Wilder Sau)	
	vorhanden
	Gepflanzt von Albert Hofmann, einem Holzfäller aus Unkeroda, zu einem Dienstjubiläum (vgl. Bergmann 1993)

Anmerkungen

1 Schneider 2011.

2 Nach Haupt- und Bestimmungswortdefinition müsste es sich bei einem „Waldpark" um einen Park handeln, der waldartig gestaltet ist. Semantisch korrekter wären wohl die Begriffe „Parkwald" bzw. besser „Parkforst", da es sich hierbei eindeutig um einen in Teilen parkähnlich gestalteten Wald bzw. Forst handeln würde. Trotzdem sollte der bereits 1849 eingeführte Begriff „Waldpark" beibehalten werden. Hinzu kommt, dass der – eigentlich sprachlich korrektere – Begriff „Parkwald" derzeit häufig für Waldungen verwendet wird, die sich innerhalb oder am Rande von Parkanlagen befinden, jedoch selbst kaum Gestaltungsgegenstand sind.

3 Die Wildschweinjagd war als sogenannte Hohe Jagd dem Hochadel vorbehalten.

4 Felsen wurden auch schon vor der „Erfindung" des englischen Landschaftsgartens in die Gestaltung von Gärten einbezogen, so z. B. im manieristischen Garten von Bomarzo (1552–1585). Noch vor der Hinwendung zum eigentlichen englischen Landschaftsgarten zeigte sich die anbahnende Wandlung im Gartengeschmack in Mitteleuropa zuerst in den Felsengärten Bethlehem bei Kukus (tschech. Kuks) in Böhmen (1724 und 1734) und Sanspareil bei Bayreuth (ab 1744).

5 Anfang September 1777 hatte Goethe mit Herzog Carl August Wilhelmsthal das erste Mal besucht. Wegen der herzoglichen Jagd und der Herbstnebel bezogen Goethe und sein Herr (dieser wohl hauptsächlich wegen der unzulänglichen Übernachtungsmöglichkeiten in Wilhelmsthal) am 13. September Quartier auf der Wartburg. Am 21. September unternahm Goethe zusammen mit dem Literaten Merk eine Wanderung von der Wartburg nach Wilhelmsthal.

6 Obwohl eigentlich außerhalb des engeren Untersuchungsgebietes gelegen, muss an dieser Stelle auf das Mariental eingegangen werden. Das Mariental ist ein eigenständiges Denkmalsensemble und gleichzeitig integrativer Bestandteil des seit Beginn des 19. Jahrhunderts entstehenden Waldparks. Viele Wege des Waldparks gehen von hier aus, zahlreiche Blickbeziehungen bestehen zum bzw. über das Mariental hinweg. Das vergoldete „M", eigentlich dem Mariental zugehörig, befindet sich am Breitengescheid, welches wiederum zum engeren Untersuchungsgebiet gehört.

7 Zum Phänomen der Forstästhetik vgl. z. B. Schneider 2011, S. 102–108.

8 Der Thüringer Gottlob König (1779–1849) gilt als einer der ersten Forstwissenschaftler. König wurde in Hardisleben geboren. 1794 begann er seine forstliche Ausbildung unter Heinrich Cotta in Zillbach. Er setzte diese unter Carl Christoph Oettelt in Ilmenau fort und unternahm 1800–1802 eine Reise, nach Westfalen, um sich dort mit der Taxation und Betriebseinrichtung der preußischen Staatsforste zu beschäftigen. 1802 kehrte König als Oberjäger nach Zillbach zurück, wo er kurz darauf selbst als Lehrer an der Forstschule tätig wurde. 1805–1830 wirkte König in Ruhla als Revierverwalter und begründete und leitete hier die Forstlehranstalt. Durch seine wissenschaftliche Arbeit im Bereich der Forsttaxation wurde er zu einem gefragten Fachmann. 1830 wurde die Forstlehranstalt nach Eisenach verlegt. Hier wirkte er bis zu seinem Tod (vgl. hierzu Schwartz 2010).

9 W. Freiherr von der Borch hat sich 1824 als erster in seinem Aufsatz „Ästhetik im Walde" mit dem Themenfeld der „Forstästhetik" beschäftigt. Er war sozusagen der zweite, der sich mit diesem Themenfeld überhaupt theoretisch auseinandersetzte. Sein Hauptverdienst besteht jedoch darin, diese Ideen im großen Stil praktisch umgesetzt und in seiner Lehrtätigkeit in Praxis und Theorie vermittelt zu haben (vgl. hierzu Schwartz 2010, S. 256).

10 Pückler musste Muskau 1845 aufgrund finanzieller Schwierigkeiten verkaufen.

11 Stoetzer beschrieb 1913 in Loreys „Handbuch der Forstwissenschaften" die Begeisterung der Besucher über diese 80-jährige Fichtenstrahlenpflanzung: „Jeder Besucher war angenehm überrascht von dem schönen Bilde, der Symmetrie und der ansprechenden Abwechslung mit dem Naturwalde. Die Umgebung der Wartburg stand bis zuletzt im Mittelpunkt von Königs Bestrebungen." (Stoetzer 1913, zit. nach Schwartz 2010, S. 272)

12 Zur Entwicklung der historischen Zufahrtswege zur Wartburg (v. a. Steinweg) vgl. ausführlich Lehmann 2001.

13 An der Bank sprach ein Ehrengast und „brachte dann ein dreimaliges schallendes Hoch auf Herrn Oberforstrat König aus, dem Schöpfer dieser neuen Anlage und so vieler anderen, welche die romantische Umgebung Eisenachs zu einem einzigen Park machen." (zit. nach Schwartz 2010, S. 272)

14 Hinzu kam natürlich die vielbenutzte Nürnberger Straße von Eisenach nach Wilhelmsthal, die heutige B 19.

15 Eine sehr ausführliche Beschreibung zur geschichtlichen Entwicklung der Verkehrsverhältnisse bis in die 1930er Jahre im direkten Wartburgumfeld liefert Petra Schall (1994).

16 Bis in die jüngste Vergangenheit prägt die Aneignung der Wartburggeschichte und der Wartburglandschaft die Ausbildung von Wegen bzw. deren Namensgebung. So beginnt der Internationale Bergwanderweg der Freundschaft Eisenach–Budapest (EB-Weg, heute Teilabschnitt des Europäischen Fernwanderweges E3) seit 1983 auf der Wartburg und verläuft in Thüringen entlang des Rennsteiges. Die Streckenführung erinnert damit an die Reise der ungarischen Prinzessin Elisabeth im Jahr 1211 auf die Wartburg.

17 Auch Friedrich der Freidige, eigentl. Friedrich I. Markgraf von Meißen, Landgraf von Thüringen, geboren und gestorben auf der Wartburg (1257–1323).

18 Der Begriff Paulinenhöhe meint eher die Hochfläche oberhalb der Felsen des Vorderen Breitengescheides mit mehreren verschiedenen Ausblicken bzw. Sichtenfächern (vor allem zur Wartburg/Viehburg, aber auch zum Hörselberg, siehe gesondertes Kapitel).

19 Das Mariental ist ein eigenständiges Denkmalensemble (zu dem u. a. auch der Talraum der Milchkammer gehört), besitzt jedoch zahlreiche Anknüpfungspunkte und Schnittstellen mit dem nahezu allseitig angrenzenden Denkmalsensemble Wartburg Waldpark. Zur Geschichte des Marientals und seiner Entwicklung als Villenkolonie vgl. ausführlich Reiß 2006, S. 122–142.

20 Die ehemalige Ziergartenanlage ist heute (2014) nur noch eine Wiesenfläche mit einigen Bäumen.

21 Es gibt auch Ausnahmen, wie z. B. die 2010 an einem Rennsteig-Stein angebrachte Metallplatte für den Heimatschriftsteller Otto Ludwig (1896–1990).

22 Genau um diese technisch ungestörte Aussicht von der Wartburg nach Süden ging es in einem Rechtsstreit von 2005 bis 2014, nämlich um die Errichtung von riesigen Windrädern auf dem rund acht Kilometer entfernten Milmesberg bei Eckardtshausen, Gemeinde Marksuhl. Die Gegner sahen den Welterbestatus der Wartburg in Gefahr. Zumindest diese Windräder in Sichtweite der Wartburg werden nun wohl endgültig nicht gebaut (vgl. Schmidberger 2014).

23 Zur Entwicklung der Villengebiete vgl. ausführlich Reiß 2006.

24 Dies ist tatsächlich gelungen: Sowohl von der Burg als auch aus der Landschaft ist die Wartburgschleife kaum wahrnehmbar.

25 Seit 1896 ist der erste Halt südlich des Kamms Epichnellen-Wilhelmsthal (heute Förtha).

26 Der Staffelbruch im Georgental entstand z. B. bei den Straßen- und Bahnarbeiten in den 1850er Jahren und ist seit 1977 ein geschütztes Geotop innerhalb des Waldparks.

27 Durch die Bauarbeiten zur Herstellung der Wartburgschleife 1929/30 entstand ein weiteres „geologisches Anschauungsobjekt" des Rotliegenden, die entstandene Felsterrasse wurde im Anschluss sofort als Biergarten umgenutzt.

28 Wilhelm Kreis (1873–1955), der auch als Hochschullehrer tätig war, gehört zu den bedeutendsten konservativ-reaktionären deutschen Architekten der ersten Hälfte des 20. Jahrhunderts. Er wurde zunächst durch die über 50 Bismarck-Türme bekannt, die entweder nach seinen preisgekrönten Muster-Entwürfen von 1899 oder individuell durch ihn geplant wurden. Weiterhin entwarf er eine Anzahl von Warenhäusern (u. a. die Kaufhäuser Tietz in Wuppertal-Elberfeld 1911/12, Köln 1912–1914 und Chemnitz 1912/13), Geschäftshäuser (u. a. Wilhelm-Marx-Haus in Düsseldorf 1922–1924) und – vorallem in den 1920er und 1930er Jahren – zahlreiche bedeutende öffentliche Bauten (u. a. Hygienemuseum Dresden 1930, Landesmuseum für Vorgeschichte Halle 1911–1913, Gauforum und Luftgaukommando Dresden ab 1936 bzw. 1937/38, Landeszentralbank Dortmund 1954). Er stand im Jahr 1944 – neben drei weiteren Architekten – auf der Sonderliste der zwölf wichtigsten und damit „unersetzli-

Anmerkungen

chen" bildenden deutschen Künstler innerhalb der „Gottbegnadeten-Liste" von Goebbels und Hitler.

29 Der Langemarck-Mythos ist ein politischer Mythos, der die im Deutschen Reich betriebene Verklärung eines verlustreichen militärischen Gefechts am 10. November 1914 in der Nähe des belgischen Ortes Langemarck (eigentlich in der Nähe von Bixschote) zum Inhalt hat. Schon während des Krieges, aber vor allem in der Weimarer Republik und in der Zeit des Nationalsozialismus wurde das Gefecht von rechtskonservativen und nationalsozialistischen Kreisen immer mehr zum heroischen „Opfergang" der deutschen Jugend umgedeutet und propagandistisch als Gegenpol zur Chiffre „Weimar" instrumentalisiert.

30 Zu den Bismarcksäulen und Türmen vgl. ausführlich Seele 2005.

31 Das berühmte Heine-Zitat: „Das war ein Vorspiel nur, dort wo man Bücher verbrennt, verbrennt man auch am Ende Menschen" aus der Tragödie „Almansor" (1821) bezieht sich allerdings n i c h t, wie häufig kolportiert, auf die Verbrennung von Büchern während des Wartburgfestes, sondern auf die Verbrennung des Korans im christlich eroberten Granada unter Kardinal Jiménez de Cisneros.

32 Ernst Wachler (1871 – 1945) war ein völkisch-religiöser und antisemitischer Schriftsteller und Publizist.

33 Die Zeitangaben differieren je nach Quelle; manchmal ist von drei Tagen, manchmal von ein oder zwei Wochen die Rede.

34 An dieser Stelle muss nochmals festgestellt werden, dass das jetzige Denkmalensemble nicht der Ausdehnung des historischen Waldparks entspricht. Sicherlich wäre es unsinnig, die gesamte Fläche der ehemaligen Lehrforste Eisenach, Wilhelmsthal und Ruhla unter Schutz zu stellen, da die Gestaltungsintensität doch recht unterschiedlich war und ist. Die Erweiterung des Denkmalbereichs in Richtung Süden und Südosten, in Richtung Wilhelmsthal, sollte jedoch überprüft werden, da dieser Bereich zum Kern der historischen Anlage des Waldparks gehört.

35 Der Wartburg-Waldpark stellt die Methoden der Denkmalpflege vor ein bisher noch weitgehend ungelöstes Problem: Ein Denkmal und dessen Umgebung und dadurch auch ggf. der Blick auf das Denkmalobjekt sind geschützt. Dies ist relativ unumstritten und hat in den letzten Jahren zu weitreichenden Diskussionen z.B. um den Kölner Dom und die Dresdner Altstadt geführt. Relatives Neuland sind Denkmale, bei denen die Aussicht vom Denkmalobjekt ein wichtiges denkmalkonstituierendes Element ist. So ist der Blick von der Wartburg bzw. von Aussichtspunkten des Waldparks auf die Landschaft, auch auf die weitere Umgebung außerhalb der Denkmalensembles eine wesentliche Denkmaleigenschaft. Der klassische Umgebungsschutz greift dort jedoch nicht mehr. Nur durch gezielte Prüfung von Einzelvorhaben und Abstimmung denkmalpflegerischer Ziele mit raumplanerischer Vorgaben können hier wesentliche Gefährdungen vermieden werden. Im Fall der geplanten Windräder in der Nähe von Eckardtshausen ist dies, wie bereits an anderer Stelle dargestellt, schon geschehen. Hier konnte eine Beeinträchtigung der Wartburgaussicht weit jenseits der Denkmalensemblegrenzen des Waldparks verhindert werden.

Anhang

Literaturverzeichnis

Albrecht, Wolfgang: Hier wohn' ich nun, Liebste. Eisenach 1986

Anonymus: C.M. Wielands sämmtliche Werke. Neunter Band, Leipzig 1795

Anonymus: Die Werrabahn in zeitgenössischen Darstellungen. In: Heimatblätter des Eisenacher Landes. Geschichte Kultur Natur. Folge 16, 1992; hier zitiert nach Raue, Paul-Josef (Hrsg.): Heimatblätter '92 des Eisenacher Landes. Sammelband. Marburg 1993, S. 67–70.

Arnswald, Bernhard von/Kiepert, Heinrich: Plan der Umgegend von Eisenach. Weimar 1853

Bechstein, Ludwig: Deutsches Sagenbuch. Mit sechzehn Holzschnitten von Adolph Ehrhardt. Leipzig 1853

Bergmann, Gerd: Straßen und Burgen um Eisenach. Eisenach 1993

Bickelhaupt, Thomas: Adolf Hitler in Weimar: Der Reichskanzler schaut vom Balkon des Hotels Elephant auf … In: Thüringische Landeszeitung, Erfurt, 26.08.2010

Brunner, Reinhold: Das Burschenschaftsdenkmal in Eisenach. Die wechselvolle Geschichte eines Denkmals (= Eisenacher Hefte 2). Eisenach 1991

Crusius, Siegfried Lebrecht: Deutsches gemeinnütziges Magazin, Ersten Jahrgangs, Erstes Vierteljahr. Leipzig 1788

Denkmalerhaltungsverein Eisenach e.V.: Denkmalgeflüster Nr. 22, Ausgabe 01/2014, Viersen 2014

Dietrich, Friedrich Gottlieb: Beschreibung der Herzoglichen Gärten in und bey Eisenach und ihrer schönen Gegend von Fr. G. Dietrich Fürstl. Sachsen-Weimarischen Hofgärtner, und verschiedener gelehrten Gesellschaften Mitglied. Eisenach 1806

Eckebrecht, Hartmut: 95. Jahrestag der Eröffnung der Straßenbahn in Eisenach. In: Heimatblätter des Eisenacher Landes. Geschichte Kultur Natur. Folge 26, 1993; hier zitiert nach Raue, Paul-Josef (Hrsg.): Heimatblätter '93 des Eisenacher Landes. Sammelband. Marburg 1994, S. 13 f.

Gräf, Hans Gerhard: Aus Goethes Tagebüchern. Leipzig 1908; unveränderter Nachdruck Paderborn 2013

Grebe, Carl (Hrsg.)/König, Gottlob: Die Forstnaturkunde als wissenschaftliche Grundlage des Waldbaues und der Waldpflege, Band 1. Eisenach 1853

Grebe, Carl: Die Lehrforste der Eisenacher Forstschule: Eisenach, Wilhelmsthal und Ruhla. Festgabe für die Mitglieder der achten Versammlung Thüringischer Forstwirthe. Eisenach 1858

Haupt, Rainer/Hiekel, Walter/Westhus, Werner/Görner, Martin/Bezirksverwaltungen Erfurt, Gera und Suhl u.a. (Hrsg.): Das Naturschutzgebiet Wartburg-Hohe-Sonne. (= Sonderheft der Reihe Landschaftspflege und Naturschutz in Thüringen, 27. Jg. Heft 4/1990). Jena 1990

Höllbacher, Anna: Die Einflüsse der europäischen Kunst auf Disneys Zeichentrickfilme. Diplomarbeit Uni Wien, Theater-, Film- und Medienwissenschaft 2010

Humbert, Edouard: Dans la forêt de Thuringe: voyage d'étude. Genf/Paris/Leipzig 1862

Kleinschmidt, Heiko: Im Totalreservat der Wartburgregion ist Holzeinschlag nicht verboten. In: Thüringer Allgemeine, Eisenach, 06.03.2014

Knobloch, Christian (2012): Zu schön, um zu verstummen – Die historische Park- und Schlossanlage Wilhelmsthal. Hrsg. vom Förderkreis Schlossanlage Wilhelmsthal e.V. Meiningen ³2012

Koch, Johann Moritz: Historische Erzehlung von dem Hoch=Fürstl. Sächs. Berühmten Berg=Schloß und Festung Wartburg ob Eisenach […] herausgegeben von J.K.M. Leipzig/Eisenach 1710

Köllner, Lotar: Der Carl-Alexander-Turm bei Ruhla. In: Heimatblätter des Eisenacher Landes. Geschichte Kultur Natur. Folge 1, 1990; hier zitiert nach Raue, Paul-Josef (Hrsg.): Heimatblätter des Eisenacher Landes. Sammelband. Marburg 1992, S. 8

Köllner, Lotar: Rennsteige, Rennstiege, Rennwege (1). In: Heimatblätter des Eisenacher Landes. Geschichte Kultur Natur. Folge 44, 1994; hier zitiert nach Hitzeroth, Wolfram (Hrsg.): Heimatblätter '94 des Eisenacher Landes. Sammelband. Marburg o.J., S. 73–75

König, Gottlob: Poesie des Waldbaues. In: Forstliches Cotta-Album. Breslau/Oppeln 1844, S. 139–141

König, Gottlob: Die Forst=Mathematik in den Grenzen wirthschaftlicher Anwendung nebst Hülfstafeln sowohl für die Forstschätzung als für den täglichen Forstdienst. Gotha 1846

König, Gottlob: Die Waldpflege aus der Natur und Erfahrung neu aufgefasst. Der Forstbehandlung zweiter Theil, Gotha 1849

Krause, Ulf: Drachenschlucht und Umgebung. Bad Salzungen o.J.

Küstner, Hansjörg: Geschichte der Landschaft in Mitteleuropa. München 1999

Lehmann, Uwe: Der Steinweg – Zufahrtsweg zur Wartburg. Baugeschichte, bauliche Konstruktion und Neubau. Baumaßnahmen der Wartburg 1999. In: Wartburg-Stiftung (Hrsg.) 1999. Regensburg 2001, S. 138–156

Lönnecker, Harald: Das Burschenschaftsdenkmal. In: 100 Jahre Burschenschaftsdenkmal. Festschrift des Denkmalerhaltungsvereins Eisenach e.V. Eisenach 2002, S. 10–22

Lönnecker, Harald: Das geschändete Gefallenen-Ehrenmal am Burschenschaftsdenkmal in Eisenach. Eisenach 2005

Ludovici, Carl Günther (Hrsg.): Grosses vollständiges Universallexicon aller Wissenschafften und Künste, welche bishero durch menschlichen Verstand und Witz erfunden und verbessert worden. 52. Band, W–War. Leipzig/Halle 1747

Mähler, Bernd/Weigel, Heinrich: Gärten und Parke in Eisenach (= Eisenacher Schriften zur Heimatkunde, Heft 33). Eisenach 1985

Merian, Mattheus: Topographia Superioris Saxoniae Thüringiae Misniae Lusatiae etc. Frankfurt 1650

Ostritz, Sven (Hrsg.): Archäologischer Wanderführer Thüringen. Eisenach und Umgebung, Wartburgkreis, Nord. Weimar 2007 (= Archäologischer Wanderführer Thüringen, Bd. 11)

Pannewitz, Julius von (Hrsg.): Forstliches Cotta-Album. Breslau/Oppeln 1844

Peip, Christian: Touristenkarte von Eisenach und Umgebung. Leipzig 1895

Peter, Hugo: Der Cläs-Kley-Stein. In: Beiträge zur Geschichte Eisenachs. Bd. 14. Eisenach 1906, S. 33–35

Peters, H.: Eisenacher Wanderbuch. Eisenach 1914; Nachdruck Paderborn 2012

Petersen, Julius (Hrsg.): Goethes Briefe an Charlotte Stein. Bd. 1. Leipzig 1907

Pückler, Hermann Fürst von: Aus dem Thüringer Walde. II. In: Allgemeine Zeitung. Augsburg, 6. Julius 1846. Nro. 187; Beilage, S. 1489–1491

Reiß, Herlind: Stadt Eisenach. Villen und Landhäuser am Fuße der Wartburg (= Denkmaltopographie Bundesrepublik Deutschland, Kulturdenkmale in Thüringen Bd. 2.1., hrsg. vom Thüringischen Landesamt für Denkmalpflege und Archäologie). Altenburg 2006

Rimbach, Daniel: Öffentliche Freiräume für Kinder als Gegenstand der städtischen Freiraumplanung von der Mitte des 19. bis zur Mitte des 20. Jahrhunderts: ein Beitrag zur Professionsgeschichte der Landschaftsarchitektur in Deutschland. Göttingen 2009

Roese, August: Beiträge zur Geschichte Eisenachs. VIII. Das Roesesche Hölzchen. Eisenach 1897

Salisch, Heinrich von: Forstästhetik. Berlin 1911

Schall, Petra: Studie über die Verkehrsverhältnisse um die Wartburg. In: Wartburg Jahrbuch 1993. Leipzig 1994, S. 131–152

Schilling, Willy: Thüringen 1933–1945: Der historische Reiseführer. Berlin 2010

Schneider, Ellen: Der Waldpark. Ideen und Erscheinungsformen in Deutschland zwischen 1880 und 1935. Remagen-Oberwinter 2011

Schmidberger, Katja: Jahrelanger Kampf um Windräder auf dem Milmesberg beendet. In: Thüringer Allgemeine, Eisenach, 11.03.2014

Schwartz, Ekkehard: Zur Gestaltung des Landschaftsgebietes um Eisenach durch Gottlob König in der ersten Hälfte des 19. Jahrhunderts. In: Mähler/Weigel 1985, S. 95–99

Schwartz, Ekkehard: Gottlob König (1779–1849) – Ein Leben für Wald und Landschaft. Remagen-Oberwinter 2010

Schwerdt, Heinrich/Jäger, Hermann: Eisenach und die Wartburg mit ihren Merkwürdigkeiten und Umgebungen. Zweite verbesserte Auflage mit Karte und Illustrationen. Eisenach 1871

Schwerdt, Heinrich/Ziegler, Alex: Meyer's Reisebücher No. V. Neuestes Reisehandbuch für Thüringen. Hildburghausen 1864

Schuchardt, Günter: Die Wartburg im Herrschaftsbereich der ludowingischen und wettinischen Landgrafen. In: Hessen und Thüringen. Ausstellungskatalog. Marburg/Wiesbaden 1992, S. 155–173

Schuchardt, Günter: Eisenacher Nationaldenkmäler Wartburg – Burschenschaftsdenkmal – Bismarckturm. In: Wartburg-Stiftung (Hrsg.): Wartburg Jahrbuch 1996. Regensburg 1997, S. 103–128

Schuchardt, Günter: Welterbe Wartburg. Regensburg 2001

Schumacher, Carl Wilhelm: Merkwürdigkeiten der Stadt Eisenach und ihres Bezirkes in alphabetischer Ordnung kurz beschrieben von Carl Wilhelm Schumacher Professor am Eisenachischen Gymnasio. Eisenach 1777

Sckell, Otto: Wilhelmsthal bei Eisenach als Lust- und Jagdschloss der Vergangenheit und sein Wiederaufstieg. Unv. Manuskript 1939

Seele, Sieglinde: Lexikon der Bismarck-Denkmäler: Türme, Standbilder, Büsten, Gedenksteine und andere Ehrungen – eine Bestandsaufnahme in Wort und Bild. Petersberg 2005

Senft, Ferdinand: Die Vegetationsverhältnisse der Umgebung Eisenachs. Ein Wegweiser für Freunde der Pflanzenkunde. Eisenach 1865

Stoetzer, Hermann: Die Eisenacher Forste (Eisenach, Ruhla und Wilhelmsthal). Ein Wirtschaftsbild. Eisenach 1900

Storch, Johann Wilhelm: Topographisch-historische Beschreibung der Stadt Eisenach, so wie der sie umgebenden Berge und Lustschlösser, insbesondere der Wartburg und Wilhelmsthal. Eisenach 1837

Stückrad, Juliane: Republik Arabia im Johannistal. Ein Einblick in Eisenachs Kolonialgeschichte (= Thüringer Hefte für Volkskunde, Bd. 21/2011, hrsg. von Gudrun Braune und Peter Fauser im Auftrag der Volkskundlichen Kommission für Thüringen e.V. Erfurt). Eisenach/Erfurt 2011

Thüringer Ministerium für Landwirtschaft, Forsten, Umwelt und Naturschutz (TMLFUN) (Hrsg.): Forstbericht 2012. Erfurt/Eisenach 2012

Trotha, Hans von: Angenehme Empfindungen. Medien einer populären Wirkungsästhetik im 18. Jahrhundert vom Landschaftsgarten bis zum Schauerroman. München 1999

Ulbricht, Justus H.: „Deutsche Religion" und „Deutsche Kunst". Intellektuelle Sinnsuche und kulturelle Identitätskonstruktionen in der „Klassischen Moderne". Dissertation an der Philosophischen Fakultät der Friedrich-Schiller-Universität Jena o.J. [2006]

Verein zur Erhaltung des Eisenacher Südviertels e.V. (Hrsg.): Der Südstadtkurier. Jg. 1, August 2006.

Vielitz, Lisa: Thüringen in Wort und Poesie. Zweite, vermehrte Auflage. Eisenach o.J. [um 1890]

Wartburg-Stiftung (Hrsg.): Wartburg Jahrbuch 2007. Regensburg 2008

Weigel, Heinrich: Thüringer Sänger waren Vorreiter auf dem Weg zur Republik. In: Heimatblätter des Eisenacher Landes. Geschichte Kultur Natur. Folge 3, 1991; hier zitiert nach Raue, Paul-Josef (Hrsg.): Heimatblätter des Eisenacher Landes. Sammelband. Marburg 1992, S. 30

Weigel, Heinrich: Ehrung eines Verstorbenen [Gottlob König] vor 140 Jahren. In: Heimatblätter des Eisenacher Landes. Geschichte Kultur Natur. Folge 20, 1992; hier zitiert nach Raue, Paul-Josef (Hrsg.): Heimatblätter '92 des Eisenacher Landes. Sammelband. Marburg 1993, S. 112f.

Weigel, Heinrich: In alten Baedeckern geblättert. In: Heimatblätter des Eisenacher Landes. Geschichte Kultur Natur. Folge 30, 1993a; hier zitiert nach Raue, Paul-Josef (Hrsg.): Heimatblätter '93 des Eisenacher Landes. Sammelband. Marburg 1994, S. 61–64

Weigel, Heinrich: Das verfluchte Jungfernloch. Realität und Fama einer Klufthöhle in der Eisenacher Burg. In: Heimatblätter des Eisenacher Landes. Geschichte Kultur Natur. Folge 33, 1993b; hier zitiert nach Raue, Paul-Josef (Hrsg.): Heimatblätter '93 des Eisenacher Landes. Sammelband. Marburg 1994, S. 96–99.

Wirthwein, Horst: Wege zur Wartburg. Eisenach 2008

Kernfakten zur (Bau-)Geschichte der Wartburg

1067	Gründungslegende der Wartburg durch Graf Ludwig den Springer
1073	wahrscheinlicher Gründungszeitpunkt
1080	Erwähnung der Wartburg für das Jahr 1080 im Buch „De Bello Saxonico" (erschienen nach 1082)
1130	Beginn der Landgrafenzeit
um 1155	Baubeginn des bis heute erhaltenen romanischen Palas
1206	Sängerkrieg
1211–1228	Landgräfin Elisabeth von Thüringen
1247	Tod des letzten Landgrafen Heinrich Raspe auf der Wartburg
1317	Neubau des Südturms/Einbau der dortigen Kapelle nach Brand
1521	Martin Luther lebt als „Junker Jörg" auf der Wartburg und übersetzt das Neue Testament ins Deutsche
Um 1628	„Der regierende Hertzog Johann Ernst zu Sachsen Eisenach hat die Wartburg reparieren lassen … Auch lies dieser Hertzog Johann Ernst die Kirche auf der Wartburg, nach Gelegenheit des Platzes, gantz fein renovieren, und thate die Einweihungspredigt, den 9. Jul. 1628 …" (Ludovici, Carl Günther (1747), Sp. 2316)
1741	Die Eisenacher Fürstenlinie stirbt aus, Eisenach und die Wartburg gehen an das Herzoghaus Sachsen-Weimar
1777	Johann Wolfgang von Goethes erster Wartburgaufenthalt
1817	1. Wartburgfest der Burschenschaften
1838/1890	Restaurierung/historisierender Wiederaufbau unter dem (Erb-)Großherzog Carl Alexander von Sachsen-Weimar-Eisenach, der Architekturprofessor Hugo von Ritgen leitet die Arbeiten
1913/14	Bau des heutigen Wartburghotels als Ersatzneubau des 1860/61 nach Ritgens Entwürfen errichteten Gasthofes nach Plänen von Bodo Ebhardt
1922	Gründung der Wartburg-Stiftung
1952/54	Baumaßnahmen, u.a. reromanisierender Teil-Rückbau des Palas
1999	Wartburg wird zum Weltkulturerbe der UNESCO

Begriffssynomyme

Annatal	3 Teile: Unteres Annatal [nördlicher Teil]; Drachenschlucht; Oberes Annatal [südlicher Teil]
Drachenschlucht	(Gehauen-)Steingraben (bis 1832) = Annatal [das Gesamttal, nur die eigentliche Klamm heißt Drachenschlucht]
Hainteiche	Heinteiche = Hahnteiche
Hohe Sonne	Hohes Kreu[t]z (bis 1744), Jagdschloss Hohe Sonne (ab 1744)
Landgrafenschlucht	Wolfslöcher (13.–17. Jahrhundert) = Landgrafenloch (18. Jahrhundert)
Ludwigsklamm	Dachsbauschlucht = Triefender Stein [Triefeningestein, 1329]
Mariental	bis 1805 Frauental
Metilstein	Mittelstein oder Mädelstein

Materialien

Abb. 82　Wanderkarte „Eisenach und seine Umgegend", 1871. Die Karte zeigt den gesamten historischen Waldpark, mit Spazier- (rot) und Fahrwegen (gelb) sowie untergeordneten Wegen (schwarz).

vorhandenen Laubholzwüchsen sind die gestreckt gewachsenen, nicht verdämmenden, zur Förderung des Bestandesschlusses beizubehalten, wie denn gleichfalls diese Ausläuterungen mit um so größerer Vorsicht zu betreiben sind, je mehr sie versäumt waren und dadurch die Buchwüchse sich an den Seitenschutz gewöhnt hatten.

Dieser Ausläuterungsbetrieb nimmt zur Zeit die Thätigkeit des Forstverwaltungspersonales, besonders auf dem Eisenacher Forste, ganz ausnehmend in Anspruch. Leider findet derselbe in dem geringen Maße des Dabeigewonnenen, wenig werthvollen Materiales und in dem Mangel an zureichenden, geeigneten Arbeitskräften manches Hinderniß und ist darum nicht so rasch vorgeschritten, als es wohl zu wünschen wäre; doch suchen wir ihm eine immer größere Ausdehnung zu geben und reihen einer möglichst umfänglichen Theil der Ausläuterungen dem jährlichen Abtriebsvolle planmäßig an, dabei das Dringende und Nöthige vorantstellend.

E. Waldverschönerung.

Der Mahnungen, in unserem Forsthaushalte das Nützliche mit dem Schönen zu verbinden und in unseren wirthschaftlichen Operationen das Ergebniß todter Zahlenberechnung nicht allein entscheiden zu lassen, liegen gar manche vor. Neben den allgemeinen Beweggründen für jeden Forstwirth, auch seiner Seits nach Kräften zur Landesverschönerung beizutragen; neben unserer Pflicht, den Zöglingen der Eisenacher Forstschule auch in dieser Beziehung Bilder vorzuführen, die den Geschmack veredeln und zur Nachahmung anregen; und neben dem gewiß verzeihlichen Bestreben, den Wald, den Schauplatz der Thätigkeit des Forstwirths, den Ort seiner Erholung auch im Innern und Aeußern wohnlich und angenehm zu gestalten — kommen hier noch einige besondere, lokale Momente in Betracht. Unsere Forste umschließen die altehrwürdige Wartburg, den Lieblingsaufenthalt des Landesfürsten, das Residenzschloß Wilhelmsthal von Tausenden aus allen Ländern; in ihnen liegt das liebliche Wilhelmsthal, eine Perle des Thüringer Waldes, die fürstliche Sommer-Residenz der erhabenen landesfürstlichen Familie; unsere schönen Eisenacher Berge aber, eben so reich an romantischen Felsbildungen, grottesken Schluchten und Abstürzen, weiten Fernsichten und traulichen Promenaden, als an historischen Denkwürdigkeiten und Sagen, ziehen den fremden Wanderer, wie den heimischen Freund der Natur mit unwiderstehlicher Gewalt an und laden zum lohnenden und erquickenden Besuch ein.

Um so größer war die Aufforderung und um so lohnender die Aufgabe, unsere schönen, oft wildgrottesten Thäler und Schluchten zugänglich zu machen, — Annathal, Landgrafenschlucht, Johannisthal, Drachenschlucht, Buchengrotte, — anmuthig geschlängelte, schattig erhaltene Promenadenwege in die schöneren Waldpartien, in die malerischen Felsgruppen, über lohnende Fernsichten zu führen, — die Promenaden um Eisenach, Wilhelmsthal und Ruhla, nach dem Wachstein, Drachenstein, Hirschstein, nach der Teufelskanzel, der Sängerstieg, in die Silbergräben nach der Glashöhle, und viele andere; — mittels geeigneter Durchhiebe malerische Effekte zu erzeugen — Durchhiebe nach der Wartburg von der hohen Sonne, vom Hirschstein, von Schönberg, von der Elisabethenstraße aus, nach Wilhelmsthal von der Nürnberger Straße aus ꝛc.; — überall an solchen Punkten einladende Ruheplätze anzulegen — Drachenstein, Wachstein, Hirschstein, Königstein, Weidmannsruhe, Hollunder ꝛc.; die mannichfachen Naturschönheiten durch sinnig angebrachte kleinere und größere Baumgruppen, durch kleinere Teiche, Wasserfälle zu heben, alles Unschöne (Steinbrüche, Halden ꝛc.) zu verdecken (Marienthal), häßliche Kahlhiebe zu vermeiden, und vor Allem die ehrwürdigen Baumriesen, die Zeugen längstvergangener Jahrhunderte, und die malerischen Baumgruppen an den Felsen, woran die Natur Jahrhunderte mühsam gebaut hat, sorgfältig zu conserviren und dem schönen Eigennutz nicht zum Opfer zu bringen; — daneben aber auch das Auge des eigentlichen Forstmannes durch wohlgelungene Verjüngungen, durch hoffnungsvolle Culturen, durch belehrende Versuche mit exotischen Holzarten und seltneren Anbau-Methoden (Straßenpflanzung ꝛc.), durch Bewahrung und Verschönerung der Waldmäntel u. dgl. m. möglichst zu erfreuen.

Mit dankbarer Verehrung blicken wir in allen diesen Beziehungen auf die mit meisterhaftem Scharfblick durchgeführten Verschönerungsanlagen unseres Meisters und Lehrers König; er hat sich damit das schönste, unvergängliche Denkmal gesetzt, der gegenwärtigen Generation aber den Weg gebahnt und das herrlichste Vorbild zur Nachahmung hinterlassen!

F. Kostenaufwand für den Anbau und die Waldpflege.

Der jährliche Aufwand für den eigentlichen Holzanbau, sowie für die Waldpflege d. h. für Wegebau, Unterhaltung der Promenadenanlagen und Verschönerungen, für Entwässerungen (Reinigungshiebe), Einfriedigungen, ertraglose Ausläuterungen, Grenzsicherungen und sonstige Forstverbesserungen, ergiebt sich in den letzten Jahren erklärt sich theils aus den schwierigen Terrainverhältnissen, aus dem forstamen, auf baldige Bodendeckung gerichteten Besterben, namentlich bei den (Platten-) Pflanzungen möglichst umfänglich zu benutzen, die eintretenden Buchen-Samenjahre und schwachen Arbeitskräften, die zum großen Theils aber aus den kostspieligen und schwachen Arbeitskräften, die zum großen Theils nur der die ärmsten städtischen Bevölkerung entnommen werden können.

Abb. 83 Das Kapitel „Waldverschönerung" aus der Veröffentlichung von Carl Grebe: „Die Lehrforste der Eisenacher Forstschule: Eisenach, Wilhelmsthal und Ruhla. Festgabe für die Mitglieder der achten Versammlung Thüringischer Forstwirthe", Eisenach 1858, S. 58f.

25

Bestandesformen und Altersklassen.	Eisenach.	Wilhelms-thal.	Ruhla.
1. **Laubholzbestände**	60	69	56
a. Altholz			
zur Laubholzverjüngung geeignet	19	20	13,4
zur Umwandlung kommend	19	11	14,0
b. 40—80jähr. Stangen= und Mittelhölzer	12	22	20
c. 20—40jähr. Stangenhölzer ꝛc.			
d. Verjüngungsschläge			
Besamungsschläge	2	6	4
Lichtschläge	8	10	4,6
e. Bleibender Mittelwald	.	.	4,5
2. **Nadelholzbestände**	39	29,6	39,5
a. über 60jährig	0,6	0,9	1,6
b. 41—60jährig	3,5	2,5	7,2
c. 21—40jährig	18,6	12,0	16,1
d. 1—20jährig	15,3	14,0	14,0
e. Anzubauende Schläge	1,0	0,2	0,6
3. **Untragfähiger Forstgrund**	1	1,4	.

Nach vollendeter Umwandlung wird die Zusammensetzung der Waldbestände etwa folgende sein:

1. Buchenhochwald	41	58	42
2. Buchenmittelwald	.	.	4,5
3. Nadelwald	58	40,6	53,5
4. Untragfähiger Forstgrund	1	1,4	.

D. Gesammter Massenvorrath und Zuwachs.

Der zur Zeit der neuen Betriebseinrichtung (Eisenach 1854, Wilhelmsthal 1855, Ruhla 1845 und bezüglich bei der Revision 1855) vorgefundene, theils durch wirkliche Auszählungen, theils mittels Probenschätzung und nach Massentafeln ermittelte gesammte Massenvorrath und Zuwachs ergiebt sich aus folgender übersichtlichen Zusammenstellung, in Massenklaftern à 100 weim. Kubikfußen:

Abb. 84 „Bestandesformen und Altersklassen" der Wälder der drei Lehrforste der Eisenacher Forstschule, aus der Veröffentlichung von Carl Grebe: „Die Lehrforste der Eisenacher Forstschule: Eisenach, Wilhelmsthal und Ruhla. Festgabe für die Mitglieder der achten Versammlung Thüringischer Forstwirthe", Eisenach 1858, S. 25.

Materialien

Abb. 85 Eisenach, Panorama vom Eisenacher Burgberg aus, Fotografie, 1891. Der Blick Richtung Nordosten zeigt die entstehenden Villengebiete sowie die unbebaute Göpelskuppe, noch ohne Burschenschaftsdenkmal.

Materialien

Abb. 86 Eisenach, Landgrafenschlucht, Fotografie, 1891. In der Landgrafenschlucht hat sich bis heute (2014) – zumindest auf den ersten Blick – nur sehr wenig verändert.

Abb. 87　Eisenach, Wartburg von Südwesten, Fotografie, um 1891

Abbildungsnachweis

Abb. 1	Daniel Rimbach, Privatsammlung
Abb. 2	aus: Vielitz um 1890
Abb. 3	Stadtarchiv Eisenach, 41.5 K 020
Abb. 4–5	Daniel Rimbach
Abb. 6	Stadtarchiv Eisenach, 41.5 K 149
Abb. 7	Stadtarchiv Eisenach, 41.5 A 007
Abb. 8	Wikipedia, gemeinfrei
Abb. 9	Stadtarchiv Eisenach, 41.5 K 122 mg
Abb. 10	Daniel Rimbach
Abb. 11	Daniel Rimbach, Privatsammlung
Abb. 12–15	Daniel Rimbach
Abb. 16	aus: Schwerdt/Jäger 1871, Beilage
Abb. 17	Daniel Rimbach
Abb. 18	Stadtarchiv Eisenach, K 108 mg
Abb. 19–21	Daniel Rimbach
Abb. 22	Stadtarchiv Eisenach, 41.3 K 185
Abb. 23	Daniel Rimbach
Abb. 24	Stadtarchiv Eisenach, 41.6 16_008
Abb. 25	Stadtarchiv Eisenach, IV271E
Abb. 26	Daniel Rimbach
Abb. 27	Stadtarchiv Eisenach, 41.6 55_009
Abb. 28	Stadtarchiv Eisenach, 41.6 55_007
Abb. 29–34	Daniel Rimbach
Abb. 35	Stadtarchiv Eisenach, 41.5 K 202
Abb. 36	aus: Vielitz um 1890
Abb. 37–38	Daniel Rimbach, Privatsammlung
Abb. 39–40	Daniel Rimbach
Abb. 41	aus: Weigel 1992, S. 113
Abb. 42–49	Daniel Rimbach
Abb. 50	Daniel Rimbach, Privatsammlung
Abb. 51	Daniel Rimbach
Abb. 52	aus: Vielitz um 1890
Abb. 53	Stadtarchiv Eisenach, 41.3 A 148
Abb. 54	Stadtarchiv Eisenach, 41.3 K 103
Abb. 55–56	Daniel Rimbach
Abb. 57–58	Daniel Rimbach, Privatsammlung
Abb. 59	Stadtarchiv Eisenach, 41.3 K 084
Abb. 60	Daniel Rimbach
Abb. 61	Stadtarchiv Eisenach
Abb. 62	Stadtarchiv Eisenach, 41.6 39_075
Abb. 63	Stadtarchiv Eisenach, 41.3 T 007
Abb. 64	Daniel Rimbach, Privatsammlung
Abb. 65	Stadtarchiv Eisenach 41.6. 38_066
Abb. 66	Daniel Rimbach
Abb. 67	Stadtarchiv Eisenach, 41.2 8366
Abb. 68	aus: Schall 1994, S. 149
Abb. 69	Stadtarchiv Eisenach, 41.2 8377
Abb. 70	Daniel Rimbach
Abb. 71	aus: Anonymus 1992, S. 69
Abb. 72–74	Daniel Rimbach
Abb. 75	„Bilder aus Thüringen", Verlag v. Junghanns & Koritzer, Kunstanstalt, Meiningen No 261 (Daniel Rimbach, Privatsammlung)
Abb. 76	Stadtarchiv Eisenach, 41.3 O 093
Abb. 77	Stadtarchiv Eisenach, 41.3. O 309
Abb. 78	Stadtarchiv Eisenach, 41.3 O 299
Abb. 79	aus: Denkmalerhaltungsverein Eisenach e.V. 2014, S. 7
Abb. 80	Bildindex Marburg, Bilddatei fm1046660
Abb. 81	aus: Schilling 2010, S. 75

Alle Fotos in den Übersichten:
Daniel Rimbach; außer: Blick vom Hirschstein S. 91 (Stadtarchiv Eisenach, K 064)

Abb. 82	aus: Schwerdt/Jäger 1871, Beilage
Abb. 83	aus: Grebe 1858, S. 58f.
Abb. 84	aus: Grebe 1858, S. 25
Abb. 85–87	Daniel Rimbach, Privatsammlung

Autorenverzeichnis

Im Auftrag des Thüringischen Landesamtes für Denkmalpflege und Archäologie

Dr. Daniel Rimbach
Rimbachplan – Büro für Architektur und Gartenkunst
Glücksbrunn 4
36448 Bad Liebenstein